新形势下企业经济管理研究

林 艳 弓海英 著

延邊大學出版社

图书在版编目（CIP）数据

新形势下企业经济管理研究 / 林艳，弓海英著. --延吉：延边大学出版社，2022.8
ISBN 978-7-230-03772-3

Ⅰ．①新… Ⅱ．①林… ②弓… Ⅲ．①企业管理－经济管理－研究 Ⅳ．①F272

中国版本图书馆CIP数据核字（2022）第158364号

新形势下企业经济管理研究

著　　　者：	林　艳　弓海英
责任编辑：	翟秀薇
封面设计：	文　亮
出版发行：	延边大学出版社
社　　　址：	吉林省延吉市公园路 977 号　　　邮　编：133002
网　　　址：	http://www.ydcbs.com　　　E-mail：ydcbs@ydcbs.com
电　　　话：	0433-2732435　　　传　真：0433-2732434
印　　　刷：	廊坊市广阳区九洲印刷厂
开　　　本：	787 毫米 ×1092 毫米　1/16
印　　　张：	9.75
字　　　数：	250 千字
版　　　次：	2022 年 8 月第 1 版
印　　　次：	2022 年 8 月第 1 次印刷
书　　　号：	ISBN 978-7-230-03772-3
定　　　价：	68.00 元

前　言

新形势的到来，给我国企业的未来发展提出了更高的要求，众多行业面临的竞争越来越激烈。因此，企业的未来发展，必须要从自身的经济管理入手，做好经济管理的全面创新，提升管理的针对性，结合企业的未来发展目标，制定相应的管理措施，利用先进的管理经验，实现市场经营综合管理模式的转变。

随着新形势的到来，企业经济管理所面临的问题越来越多。创新是企业发展的灵魂，是企业持续发展的根基。目前，世界经济对企业经济管理的渗透以及影响，使得企业经济管理在企业中的作用不断提高。企业自身必须要从创新经济管理模式出发，从领导层入手，提升企业的战略管理水平，逐步提升企业自身的竞争意识，提高管理的信息化水平，合理地应用大数据分析系统，明确管理改革的方向，然后以当前企业经济管理的现状为切入点，全面控制企业的内部经济资源，使企业得到发展，提高企业的经济效益。

新形势的到来，对我国企业的发展产生了巨大的影响，同样为其带来了广阔的发展空间。因此，企业为了自身的发展，必须要逐步提高经济管理的水平，从创新管理入手，结合自身的发展情况，制定相应的经济管理措施，提高发展目标的针对性；对以往的管理制度进行逐步的完善和创新，提高制度应用的综合效果；确保企业内部监管力度的逐步提升，从管理层入手，实现综合监管模式的转变；逐步推动企业的信息化建设，发挥信息技术的重要作用；全面控制企业的内部经济资源，保障企业的良好经营和全面发展。

目　录

第一章　经济管理概述 ·· 1
　　第一节　经济资源 ··· 1
　　第二节　经济原理与微观经济管理原则 ······································ 8
　　第三节　经济管理方法 ·· 17
　　第四节　经济管理决策 ·· 21
　　第五节　智能化与经济管理 ··· 24

第二章　经济管理体制 ·· 29
　　第一节　经济管理体制的优化 ·· 29
　　第二节　经济管理体制的完善 ·· 31
　　第三节　经济管理体制的改革趋势 ··· 34
　　第四节　企业经济管理体制 ··· 40

第三章　现代企业管理 ·· 43
　　第一节　现代企业的特征和责任 ·· 43
　　第二节　企业制度 ··· 45
　　第三节　企业发展战略 ·· 48
　　第四节　企业人力资源开发 ··· 57
　　第五节　企业文化及企业形象塑造 ··· 61
　　第六节　企业营销管理 ·· 66

第四章　企业内部管理 ·· 72
　　第一节　技术创新和技术进步 ·· 72
　　第二节　企业生产管理的任务和内容 ·· 76
　　第三节　全面质量管理 ·· 80
　　第四节　企业财务管理 ·· 84

第五章　宏观经济管理 ·· 89
　　第一节　宏观经济管理的特点 ·· 89

  第二节 宏观经济的总量平衡 ··· 93

  第三节 宏观经济的周期性波动 ··· 94

  第四节 宏观经济管理的主体 ··· 100

  第五节 宏观经济管理的目标 ··· 108

第六章 新时期企业经济管理中的发展与创新 ··· 112

  第一节 企业经济管理的发展与创新 ·· 112

  第二节 现代企业经济管理应采取的创新策略 ·· 125

第七章 企业内涵式经济发展与管理 ··· 129

  第一节 企业内涵式经济发展战略 ··· 129

  第二节 构建企业文化的方法 ··· 131

  第三节 企业领导班子建设 ·· 137

  第四节 企业内部机制的构建 ··· 139

  第五节 企业技术改造的实现 ··· 142

参考文献 ··· 149

第一章 经济管理概述

第一节 经济资源

人类自诞生以来，就面临着许多的矛盾和问题，其中一个最基本的问题就是需要各种各样的物质资料来满足生存和发展的需要，而这些物质资料必须投入人、财、物才能生产出来，这就产生了人类基本的经济活动。人类基本的经济活动就是配置经济资源和利用经济资源的活动。由于能够满足人类需要的自然资源是有限的，因此，如何利用有限的自然资源，以尽量少的投入，生产出更多满足人类需求的物品，就成为人类社会所面临的基本经济问题。人们对经济问题的研究就是从经济资源开始的。

一、经济资源的稀缺性

经济资源是指用于满足人类需要的有形产品和无形产品。它主要包括土地及与土地相联系的自然资源、人力资源、生产资源、资金、技术、信息等。这些都是人类必须付出代价（指正常代价——成本）才能获取的稀缺资源。经济资源不是随意可取的；如果随意可取，就不会有人花钱去购买了。

在人类社会循环往复的生产与消费过程中，人们的消费欲望以及为了满足这种欲望所引起的对物品的需求是无限的，人们总是希望未来比现在更好，希望自己的生活更富裕、有更多的收入和荣誉等。尽管人们的生活水平在不断提高，但人们的欲望也在增加。人们的欲望要用各种物质产品（或劳务）来满足，物质产品（或劳务）要用各种资源来生产。这种"满足欲望的资源总是有限的"的现象，被称为"稀缺性"。

用来满足人类欲望的物品分为两类：一类是自由取用物品，另一类是经济物品。自由取用物品是指人类无须做出努力或花费任何代价便可随意得到的物品，如阳光、空气和海水。面对人类无限的欲望，用来满足人类需要的自由物品将越来越少，如水资源，在200年前水资源可以说是自由取用物品，而现在，水资源是人类稀缺资源之一。

经济物品是指有用且稀缺的物品，即必须通过生产和交换才能获得的物品。经济物品在满足人类需求方面具有特别重要的作用。进入21世纪，人类的物质生活水平得到了极大的提高，物质财富日益丰富。那么，为什么经济物品还处于稀缺状态？这是因为，用来加工生产成经济物品的资源是有限的。第一，地球上的自然资源是有限的，自然资源中的森林、矿产、石油、煤等资源都是用一点少一点的，某些资源在某些地区甚至是匮乏的，如有些地区的森林资源被过度开发，从而破坏生态平衡以至于给人类带来灾难。第二，经济组织中的资本、劳动力、机器等资源也是有限的。第三，时间资源也是有限的，由于时间是永远向前的，一刻也不停留，因此，对所有人来说，人生只有一次。很多事做错了，就再也不能重来；就算很多事情能重来，也不复当初。

正是由于经济资源是稀缺的，人们才需要考虑如何合理利用和配置现有的经济资源，才需要考虑生产、交换、分配和消费等经济问题。

二、资源的配置与选择

在从自然界中获取生存资料的过程中，人们发现，个体的力量十分弱小，获取生存资料的能力有限，只有形成一定的群体，才能增强人们从自然界获取生存资料的能力。于是，人们在长期的生产实践中，便自发地形成了组织，如原始社会出现的狩猎、氏族、部落组织。但组织产生之后，也存在一个问题，即组织与组织之间为了争夺有限的自然资源，常常会发生冲突。为了协调组织之间的利益关系，又产生了一个更大的组织，这个更大的组织就是国家。因此，解决欲望无限性与资源稀缺性的矛盾，实现资源的有效利用与节约，就成为个人、组织、国家要共同面对的课题。

（一）资源配置的含义

资源配置是指，要实现资源的有效利用与节约，就需要合理地配置资源，即将有限的资源用在最有效的地方，最大限度地满足人们的需要。因此，合理配置资源的主要任务是：① 研究在人和企业共存的系统里，如何在满足人的需求和企业的发展目标的条件下，实现对资源的有效利用与节约，即微观经济问题；② 研究如何在人和国家共存的系统里，在一个国家的范围内满足人的需求，实现资源的有效利用与节约，即宏观经济问题。但不管是微观经济问题还是宏观经济问题，都是研究资源的合理配置问题的，其目的都是达到资源的有效利用与节约。

（二）资源的选择

在用有限的资源和物品去满足人类的不同欲望时，必须做出选择。这就是说，必须对有限的资源进行有效配置与合理利用，才能更好地满足人类的欲望。为此，就必须解决四个最基本的经济问题：

1. 生产什么

生产什么是指生产什么样的产品和劳务，各生产多少。由于资源有限，若用于生产某种产品的资源多一些，那么用于生产另一种产品的资源就会少一些。人们必须做出抉择：用多少资源生产某一种产品，用多少资源生产其他的产品。例如，今天，我们应该生产面包还是生产衬衫？是生产少量优质衬衫还是生产大批廉价衬衫？我们应该利用有限的资源生产更多的消费品，还是应当生产较少的消费品和较多的投入品，从而使明天有更多的产出？等等。

2. 如何生产

如何生产是指用什么样的方法来生产产品和劳务。不同的生产方法和资源组合是可以相互替代的，同样的产品可以有不同的资源组合，如劳动密集型方法、资本密集型方法和技术密集型方法。谁来种田，谁来教书？用石油发电，还是用煤炭发电，或是用水力发电？人们必须做出决定。将各种资源进行有效组合，才能提高经济效益。在不同的外部环境下，同样的产品生产行为会有不同的劳动生产率。所以，人们还必须考虑资源配置的有效性。

3. 为谁生产

为谁生产是指生产出来的产品和劳务如何分配给社会中的各个集团和个人。例如，谁来享受经济活动的成果？社会产品如何在不同的居民之间进行分配？经理、运动员、工人和资产所有者，谁应当得到高收入？社会应该给经济相对困难的人提供最低水平的消费保障，还是遵循"不劳动者不得食"的原则？人们还需要考虑产品如何进行分配，根据什么原则，采用什么机制进行分配，如何把握分配的数量界限等。

4. 由谁决策

在高度集中的计划经济体制下，计划机构通过发布命令，告诉人们生产什么，如何生产，以及生产出来的产品由谁来消费。而在自由市场经济体制下，上述问题则基本由市场机制来决定。也就是说，生产主要由生产者和消费者的自由交换所决定，处于这两极之间的混合经济体制中。在一些范围内，由生产者和消费者做出决策，而在另一些范围内，则由政府做出决策。

生产什么、如何生产、为谁生产和由谁决策这四个问题，是任何社会、任何国家在进行生产时都必须面临和需要解决的基本经济问题。人类社会必须对这四个基本经济问题做出选择。

（三）资源配置的方式

资源是稀缺的，因此资源需要有效配置；资源是稀缺的，因而资源还需要被充分利用。只有探索资源合理配置的规律、途径和方法，才能实现对资源的合理配置和最优利用，为此，需要选择相应的资源配置方式。不同社会制度的经济体制不同，资源配置的方式也就不同。常用的资源配置方式是计划经济体制和市场经济体制。

1. 计划经济体制

用行政计划的方式配置资源，由此构建起来的经济体制就是计划经济体制，其最大优点是较好地体现公平，不足是缺乏效率。

计划经济体制的主要特征是，主要生产资源归国家或政府所有，整个社会就像一个庞大的公司，国家或政府包揽了经济管理的一切方面。生产什么、如何生产、为谁生产、何时生产基本上由国家或政府决定，价格机制几乎不发挥什么作用。这种经济体制在政府权力比较集中、经济结构简单的情况下，无疑具有巨大的优越性。目前，生产技术日新月异，经济体系庞杂多变，需求莫测，信息膨胀，政府的计划一般无力支撑整个社会经济高效率地运转。因此，以前实行计划经济体制的国家，大都放弃单调乏力的计划经济体制，引入市场机制，以发挥价格在资源配置中的作用。

2. 市场经济体制

一般意义上的市场是指进行物品买卖的交易场所或接洽点。市场可以是一个有形的买卖物品的交易场所，也可以是利用现代化通信工具进行物品交易的接洽点。从本质上讲，市场是物品买卖双方相互作用并得以决定其交易价格和交易数量的一种组织形式或制度安排。任何一种交易物品都有一个市场。经济中有多少种交易物品，就相应地有多少个市场，如石油市场、土地市场、大米市场、自行车市场、铅笔市场等。

我们可以把经济中所有的市场分为生产要素市场和商品市场两类。

用市场机制的方式配置资源，由此构建起来的经济体制就是市场经济体制。市场经济是借助市场交换关系，依靠供求、竞争、价格等机制，组织社会经济运行，以调节社会资源配置和分配经济收入的经济。简言之，市场经济就是在市场调节下运行的经济。市场经济体制的基本特征是资源基本归拥有产权的自然人或法人所有。各经济主体都是独立的、平等的，可以自由进出市场，自由地开展竞争与合作。整个经济靠一只"看不见的手"指引，生产什么、如何生产、为谁生产完全由价格机制决定。市场经济体制是一种效率比较高的经济体制，但这种经济体制缺少公平性，不能很好地解决资源的利用问题。因此，目前实行市场经济体制的国家都不同程度地引入了国家干预和政府调节，以弥补市场经济体制的不足。

所谓经济主体，是指在市场经济活动中能够自主设计行为目标、自由选择行为方式、独立承担行为后果并获得经济利益的能动的经济有机体。从宏观角度看，经济主体分为企业、个人、政府三大类。企业是从事生产经营活动的经济组织，是物质产品和服务的提供者，是社会的生产经营主体；个人是生产要素的提供者，也是消费主体；政府是经济运行和经济关系的管理调节主体，也是国民总收入的分配主体。

（四）经济主体之间的经济联系

在社会生活中，各种经济资源（如商品和服务、生产要素）在经济主体之间相互流动，构成了经济运行过程。在经济运行过程中，经济主体之间形成经济联系，并受供求机制、价格机制、竞争机制的制约。

个人和企业是市场经济的最基本的参与者。个人拥有或控制对企业有用的资源，这些资源一般可分为劳动力、资本和自然资源。当然，每种资源又可分为许多种类和等级。大多数人都拥有可供出售的劳动力资源，许多人拥有资本或自然资源，企业通过租、借或购买等方式，将它们用于生产过程。个人通过出售这些资源而得到的收入被称为企业对个人拥有的生产要素的支付。对个人来说，这笔收入可用来满足对商品和服务的消费需求。

个人和企业之间的相互作用发生在两个不同的领域：首先，商品市场，产品和服务就在这里进行买卖；其次，生产要素市场，劳动力、资本和自然资源就在这里进行交易。这些相互作用说明了市场经济中收入、产出、资源和生产要素支付的循环流动。

在商品市场中，个人为了满足其消费需要而对商品和服务提出需求。他们通过在商品市场中为这些商品和服务出价，而让这些需求为人所知。企业为了追求利润，对这些需求做出反应，即向市场供应这些商品和服务。企业的生产技术和要素的价格决定供给条件，而消费者的选择和支付能力则决定需求条件。供给和需求的相互作用决定出售的价格和数量。在商品市场里，购买力（通常以货币这种形式表现）从消费者流向企业；同时，商品和服务按相反方向流动，即从企业流向消费者。

在生产要素市场中，个人是生产要素市场的供给者。他们向企业提供劳动力、资本和自然资源，以便企业生产物品和提供服务。企业通过在生产要素市场上出价的高低，来表明自己需要这些生产要素的迫切程度。货币的流动是从企业到个人的，而生产要素则是从个人流向企业的。生产要素的价格就是在这个市场上确定的。

在经济运行过程中，政府不仅是调控者，也是参与者。从与其他经济主体的经济联系来看，政府主要是通过收入、支出来参与经济运行的。政府收入主要来自其他经济主体交纳的税金、通过资金市场筹集或由其他经济主体投资认购的债务收入，以及国有资产收益等。政府支出主要包括向其他经济主体的转移性支出、投资性支出，以及偿还债务的还本付息支出等。政府通过收支活动与其他经济主体发生的这些联系，比较集中地表现在每年的财政预算、决算报告中。政府收支体现了政府的职能及其活动内容，政府还通过行政、经济、法律、信息等手段对其他经济主体以及宏观经济运行进行调节和控制，以保证经济运行的正常秩序和良性循环。

在市场经济体制中，政府、企业和个人的经济行为相互作用，使价格和利润成为调节货币和资源流动的信号。例如，20世纪80年代，计算机行业较高的利润和计算机产品较高的价格，就是告诉生产者要增加计算机产品的生产量，以更多的产品供应商品市场。为了增加计算机的产量，需要有更多的劳动力和资本。为此，企业就需要提高生产要素市场中相关资源的价格，即向资源拥有者发出信号，让他们知道现在自己有可能获得更多的利润。这样，资源就会从其他行业转移过来，从而带动计算机行业的迅速发展。21世纪初，这一市场的竞争更为激烈，计算机的价格大幅度下跌。尽管计算机的总销售量增加了，但每台计算机的利润却减少了，有的企业只好力求把总利润维持在其可以接受的水平上。消费者因得到质量越来越好、价格越来越低的计算机而大大受益。

在这种循环流动的市场经济里，个人、企业和政府相互依赖，每个参与者都需要与他人或其他经济组织合作。例如，在市场上，一个人的劳动要有价值，必须有企业愿意雇用他；同样，企业要进行生产，就必须有消费者想购买它的产品。结果是，所有的参与者都有动力去满足别人的需要，他们都能自愿参与，因为他们都能从参与的过程中得到自身所需要的某些东西，实现某些目标。

三、经济运行中的管理

要实现经济活动的预定目标，就必须对经济活动进行有效的管理。经济活动是一个大概念，政府的经济调控、企业的产品营销、市场的结构优化、个人的上岗培训等，都可视为经济活动。本书把政府、企业、个人定义为市场经济条件下经济运行中的三大经济主体。据此，经济活动主要指政府、企业、个人三大经济主体的经济活动；经济运行中的经济管理是指对政府、企业、个人经济活动的管理。经济管理所要实现的预期目标就是政府、企业、个人三大经济主体的预期目标。

从一般意义上讲，对政府经济活动的管理属于宏观管理，对企业经济活动的管理属于微观管理。宏观管理着眼于对国民经济的总量分析，它以整个国民经济的运行作为研究对象，分析一个国家或地区的国内生产总值和国民收入的变动，研究就业总量和失业率的变动、经济周期波动、通货膨胀及经济增长等问题，研究经济的开放、政府的财政政策和货币政策对宏观经济运行的影响等。微观管理的研究对象是单个经济主体和单个市场的经济活动，包括单个消费者和单个企业。微观管理旨在阐明消费者如何决定其购买的商品数量和商品组合；阐明企业如何决定其生产什么商品、生产数量的多少，以及投入多少生产要素；研究单个市场的运作规律，分析买者和卖者之间的相互作用、价格的形成和变动、企业间的竞争等问题。本书的核心内容是微观管理，并涉及与微观管理紧密联系的一些宏观管理内容，研究范围不包括个人经济活动。相对而言，由于现代市场经济的运作机制是一种高度分散的决策机制，大量关于生产的决策都是由企业做出的，是在各个单独的市场上决定的，因此，微观管理更直接地研究资源有效配置的问题。宏观管理当然也涉及资源有效配置的问题，但它更多是从总量均衡角度来研究的。

实际上，一个企业在经营中首先要解决的问题是企业生产什么商品，各种商品要生产多少。企业为获取更多的利润，就必然要考虑如何进行生产。也就是说，企业既要选择最有效率的技术和生产过程，还要确定企业最佳的生产规模。再者，企业也需要解决分配的问题，具体地说，就是如何设计其报酬制度的问题，包括股权的分配、经理阶层的报酬制度和其他员工的报酬制度等。因此，就基本经济问题来说，单个企业与整个经济社会所面对的是同样的问题，只是企业是相对较小的一个独立组织，涉及的是更为具体的经营决策。

一般认为，企业的生产要素包括劳动力、资本、土地以及企业家的才能。在任何一个企业中，孤立的生产要素都是不能自动创造价值的，只有它们之间进行有机结合，才能形成价值增值过程和物质形态的转换过程。在这个过程中，人是资金的使用者、设备的使用者、劳动对象的改造者，也是经营过程的计划者、执行者、管理者、控制者。因此，在任何形式、任何时代的经济活动中，人永远是唯一的主体。事在人为，物在人管，财在人用，没有人，也就没有经济管理。

企业在激烈的市场竞争中面临着大量的经营决策问题，企业家只有懂得经济管理的理论和方法，才能做出科学、有效、理性的决策。因此，经济管理既要研究经济学关于稀缺资源的有效配置与利用问题，又要研究管理学关于人类按照市场经济供求规律，对生产经营活动进行计划、组织、领导、激励和控制的问题。经济管理的内容具有应用性与务实性，强调开拓创新，充分利用资源，实现经济组织的目标。

综上所述，经济管理的定义为：经济管理是经济主体通过有效利用人力和物质资源，为实现经济活动预定目标而进行的决策、计划、组织、领导、协调和控制等综合性管理活动。它的含义包括三个方面：第一，有效地利用人力和物质资源，表明经济管理要强调人力和物力的作用，要通过人和借助物把事情做好；第二，实现经济活动的预定目标，表明经济管理的核心内容是通过对经济活动的管理，有效地实现其预定目标；第三，决策、计划、组织、领导、协调和控制等综合性管理活动，表明管理的职能应在经济管理中体现出来。

第二节　经济原理与微观经济管理原则

经济原理源于经济实践，是几代经济学家从历史提供的经济实践中得出的经济运行的基本规律。一般来说，我们在研究经济问题时，都不会超出经济原理涉及的范围。掌握经济原理，有助于我们更好地观察、理解、解释各类层出不穷的经济现象，进而指导经济决策。

一、经济原理

经济的含义是与人的需要密切相连的。今天的"经济"二字，使用范围非常宽泛，大致是指以下四个方面：与一定生产力相适应的生产关系；生产、交换、分配、消费等各种活动；一个国家国民经济的总称或国民经济的各部门，如工业经济、农业经济等；在日常生活中，指节约、节省或个人、家庭的收支状况等。无论我们谈论的是家庭经济、企业经济、国家经济，还是世界经济，都与人类的生存、欲望、相互交易等活动和行为方式有关。由于经济行为反映了组成这个经济的个人的行为，因此，我们对经济的研究就从个人做出决策的四个原理开始。

（一）人们如何做出决策

原理一：人们面临权衡取舍

俗话说："天下没有免费的午餐。"我们为了得到一件喜爱的东西，通常不得不放弃另一件喜爱的东西。做出决策要求我们在一个目标与另一个目标之间有所取舍。例如，一个学生可以把所有的时间都用于学习经济管理学，还可以把所有的时间用于学习市场营销学，也可以把时间平均分配在这两个学科上。但是，当他把某一个小时用于学习一门课程时，就必须放弃本来可以学习另一门课程的一个小时。而且，对于他用于学习一门课程的每一个小时，他都要放弃本来可用于睡眠、骑车、看电视或打工赚零花钱的时间。又如，当父母决定如何使用家庭收入时，他们可以购买食物、衣服，可以用于全家度假，还可以为自己退休或孩子的大学教育储蓄一部分收入。当他们选择把一元钱用于上述物品中的一种时，那么在其他物品上，就要少花一元钱。

在现代社会里，尽管污染管制给予我们的是更清洁的环境，以及由此引起的人们健康水平的提高，但其代价是要求企业减少污染的法律增加了企业生产物品与劳务的成本。由于成本提高，这些企业得到的利润少了，导致企业所有者、工人和消费者的收入也随之减少。认识到生活中的交替关系是重要的，因为人们只有通过"权衡取舍"，了解他们可以做出的选择，才能做出良好的决策。

原理二：某种东西的成本是为了得到它而放弃的东西（机会成本原理）

由于人们的生活中存在交替关系，所以，做出决策就要比较可供选择的行动方案的成本与收益。例如，考虑是否上大学的决策。上大学的收益是使自身知识丰富和一生拥有更好的工作机会，但其成本是学费、书费、住房和伙食费等。但这个总和并不能真正地代表你上一年大学所放弃的东西。这种成本计算的第一个问题是，它包括的某些东西并不是上大学的真正成本。即使你离开了学校，你也需要有睡觉的地方，也要吃东西。只有在大学的住宿费和伙食费比其他地方贵时，贵的这一部分才是上大学的成本。实际上，大学的住宿费与伙食费可能还低于你自己生活时所支付的房租与食物费用。在这种情况下，住宿费与伙食费的节省部分可以算为上大学的收益。这种成本计算的第二个问题是，它忽略了上大学最大的成本——你的时间。当你把一年的时间都用于听课、读书和写文章时，你就不能把这段时间用于工作。对大多数学生而言，为了上学而放弃的工资是他们受教育的最大单项成本。

一种东西的机会成本是为了得到这种东西所放弃的东西。当做出任何一项决策时，决策者应该认识到伴随每一种可能的行动而发生的机会成本。实际上，决策者通常是知道这一点的。

原理三：理性人考虑边际量（边际决策原理）

生活中的许多决策涉及对现有行动计划进行微小的增量调整。经济学家把这些调整称为边际变动。在许多情况下，人们可以通过考虑边际量来做出最优决策。

假如你开了一家工厂，在使用现有设备时，每天雇用10个工人，共生产产品100件。现在设备未变的情况下，你把工人增加到11个，产品增加到110件。增加1名工人所引起的10件产品的增加量，就是边际产量。这个例子告诉我们，边际量是增量。

理性人考虑边际量就是指通过运用边际分析法可以帮助你做出正确的决策。我们还用上面的例子：假如工人的工资保持每天20元不变，当你多雇一个工人时，工资增加20元，如果不考虑原料，这20元就是你生产的全部成本，那么，我们说增加一个工人的边际成本为20元。如果每件产品的价格为3元，增加一个工人的边际量为10件，边际收益等于边际产量乘以价格，即30元。边际收益大于边际成本，多雇一个工人显然是有利的。反之，如果边际产量在7件以下，或每件产品的价格低于2元，即边际收益小于边际成本，多雇一个工人就是不利的。

其实，做出任何一个决策时都可以运用这一原理。例如，是否参加一个计算机学习班。学费就是参加这个班的边际成本，学习后能增加的收入是参加这个班的边际收益。当边际收益大于边际成本时，参加这个班就值得；反之则不值得。又如，假设一位朋友请教你，他应该在学校上多少年学。如果你以一个拥有博士学位的人的生活方式与一个没有上完小学的人进行比较的例子回答他，他会抱怨这种比较无助于他的决策。因为你的朋友很可能已经受过某种程度的教育，并要决定是否再多上一两年学。为了做出这种决策，他需要知道多上一年学所带来的额外收益和所花费的额外成本。通过比较这种边际收益与边际成本，他就可以确定多上一年学是否值得。

原理四：人们会对激励做出反应（激励反应原理）

由于人们是通过比较成本与收益而做出决策的，因此，当成本或收益发生变动时，人们的行为也会随之改变，这就是说，人们会对激励做出反应。例如，当苹果的价格上升时，人们就可能决定多吃梨少吃苹果，因为购买苹果的成本高了；同时，苹果园主人决定雇用更多工人并多摘苹果，因为出售苹果的收益也高了。再如，去超市买东西很便宜，于是我们就去买，结果买了很多不需要的东西，反倒花了更多的钱。

对设计公共政策的人来说，激励在决定行为中的中心作用是重要的。公共政策往往改变了私人行动的成本或收益。当决策者未能考虑到行为如何因政策的原因而产生变化时，政策就会产生令他们意想不到的效果。

在分析任何一种政策时，不仅应考虑直接影响，还应考虑激励发生作用的间接影响。如果政策使激励发生改变，就会导致人们改变自己的行为。

（二）人们如何相互交易

原理五：贸易能改善人们的状况（比较优势原理）

如果没有贸易，我们还处于自然经济的状况，那么我们需要自己做所有的事情，如自己种粮食，自己做衣服，自己盖房子，还需要去做冰箱、彩电……而贸易可以使每个人专门从事自己最擅长的活动。通过与其他人交易，人们可以按较低的价格买到各种各样的物品或获得服务。

原理六：市场通常是组织经济活动的一种好方法（"看不见的手"原理）

英国经济学家亚当·斯密在《国富论》中提出，家庭和企业在市场上相互交易，它们仿佛被一只"看不见的手"所指引，它就是指引经济活动的工具——价格。价格既反映了一种物品的社会价值，也反映了生产该物品的社会成本。由于家庭和企业在决定购买什么和出卖什么时会关注价格，因此，他们就不知不觉地考虑到了他们行动的社会收益与成本。结果，价格指引个别决策者在大多数情况下实现了整个社会福利的最大化结果。当政府阻止价格根据供求自发地进行调整时，它就限制了"看不见的手"协调参与经济活动的千百万家庭和企业的能力。这个推论解释了为什么税收对资源配置有不利的影响：税收扭曲了价格，从而也扭曲了家庭和企业的决策。

原理七：政府有时可以改善市场结果（"看得见的手"原理）

虽然市场通常是组织经济活动的一种好方法，但市场规律的运用也有一些重要的例外。政府干预经济的原因有两类：促进效率和促进平等。这就是说，大多数政策的目标不是把经济蛋糕做大，就是改变蛋糕的分配方法。

"看不见的手"使市场有效地配置资源。但是，由于各种原因，有时"看不见的手"会失去作用，不能确保公平地分配经济成果，不能保证每个人都有充足的食品、体面的衣服和充分的医疗保健。许多公共政策（如所得税和福利制度）的目标就是要实现更平等的经济福利分配。政府有时可以改善市场结果，但并不意味着它总能起作用。公共政策并不是一直公平的，而是由不甚完善的政治程序制定的。

（三）整体经济如何运行

我们从讨论个人如何做出决策开始，然后考查人们如何相互交易。所有这些决策和相互交易共同组成了"经济"。下面这两个原理涉及整体经济的运行规律。

原理八：当政府发行了过多货币时，物价上升（通货膨胀原理）

1921年1月，德国的一份日报的价格为0.3马克。不到两年，1922年11月，同样一份报纸的价格为7000万马克。经济活动中所有其他物品的价格都以类似的程度上升。这个事件是历史上最惊人的通货膨胀的例子，通货膨胀是经济中物价总水平的上升。

由于高通货膨胀率会给社会带来各种影响，因此，世界各国都把抑制通货膨胀作为经济政策的一个目标。在大多数严重或持续的通货膨胀情况下，罪魁祸首总是相同的，即货币量的增长。当一国政府发行了大量本国货币时，货币的价值就下降了。

原理九：社会面临通货膨胀与失业之间的短期交替关系（通货膨胀与失业短期交替关系原理）

如果通货膨胀这么容易解释，为什么决策者有时却在使经济发展免受通货膨胀之苦方面遇到麻烦呢？其中一个原因是人们通常认为降低通货膨胀会引起失业人数暂时增加。通货膨胀与失业之间的这种交替关系被称为菲利普斯曲线，这种交替关系产生的原因是某些价格调整速度缓慢。例如，假定政府减少了经济交易中的货币量，从长期看，这种政策变动的唯一后果是物价总水平下降，但并不是所有的价格都能立即做出调整。这就是说，可以认为价格在短期内是具有黏性的。由于价格是具有黏性的，各种政策都具有不同于长期效应的短期效应。理解这些原理有助于我们了解社会，使我们更精明地参与经济活动，更好地分析经济政策的潜力与局限性。

二、微观经济管理原则

（一）企业价值最大化原则

企业价值最大化，是指企业通过合法经营，在考虑货币时间价值和风险的情况下，使企业的总价值最大化，进而使股东财富最大化，其理念是将企业长期的稳定摆在首位。

企业价值最大化的目的是：使风险与报酬达到均衡状态，将风险限制在企业可以承担的范围之内；加强与债权人的关系，重大财务决策请债权人参加讨论，培养可靠的资金供应者；关心企业职工的利益，创造优美和谐的工作环境；关心客户的利益，在新产品研制和开发方面进行较高的投入，不断推出新产品来满足顾客的要求，保持销售收入的稳定增长；讲求信誉，注重对企业形象的宣传；关心政府政策的变化，努力争取参与政府的有关活动，争取出台对行业有利的法规；创造与股东之间的利益协调关系。

经济管理中遵循企业价值最大化的原则，其优点主要表现在：

（1）考虑了资金的时间价值和投资风险，有利于统筹安排长、短期规划和合理选择投资方案，有效筹措资金，合理制定股利政策。促使企业努力降低资金成本，建立风险预报和测评系统，维持良好的财务结构，增强企业抵御风险的能力。

（2）反映了对企业资产保值增值的要求，促使企业加强管理，提高资本运作能力，实现企业产权资本与负债资本的最佳组合，实现资产的保值、增值。

（3）有利于克服管理上的片面性和短期行为，充分考虑了企业的全方位利益和各方面的契约关系，有利于实现企业的长期稳定发展。

（4）有利于对社会资源的合理配置。在市场经济条件下，社会资源的配置必定倾向于效率高、风险低、获利大、能为社会创造更多财富的行业，以企业价值最大化为理财目标，有助于引导社会资源的优化配置，有利于实现社会效益的最大化。

（二）最优决策原则

决策的正确与失误关系到企业的兴衰存亡。因此，每一个管理者都必须认真研究决策科学，掌握决策理论、决策的科学方法和技巧，在千头万绪中找出关键所在，权衡利弊，及时做出正确、可行的决策。

企业管理的主要目标是使企业价值最大化。这就要求企业在进行生产经营决策时，应根据可能的条件，寻求最利于实现这一目标的行动方案。企业寻求和选择最佳行动方案的分析决策过程，即企业决策的最优化过程。最优决策要求决策者了解与组织活动有关的全部信息，能正确辨识全部信息的价值，并能据此制定出没有疏漏的行动方案，且能够准确计算出每个方案未来的执行结果。最优决策的流程如下：

（1）是否会有重大影响？如果不是，这项决策只是无伤大雅的事件，不需要花费太多心力去考虑。例如，午餐吃什么？周末要不要去找个朋友？如果会有重大影响，我们便需要花费精力去处理。

（2）是问题还是机会？不解决问题是会引起负面后果的。例如，不解决人事问题可能导致重要干部离职或者员工士气受损，不解决产销协调问题可能导致客户流失。不把握机会的话不会有损失，只是失去正面的效果。例如，有一工厂想要低价出售，把握这个机会就可能获得以极低成本增加产能的机会。机会需要计算投入与产出的比率。

（3）是否有原则可循？如果有，依照原有原则分析，或者在修改原则后进行分析。例如，是否增加广告投放量，如果公司已经有一套评估方法，便依照此方法进行评估；如果没有，可参考类似项目进行分析。

（4）是否会再次发生？如果会，便要先制定原则。例如，某重要客户提出修改产品设计的要求，公司是否答应？目前没有这种标准，但是日后可能经常遇到，这时便需要先制定原则，如哪种客户提的要求可以答应？谁有资格批准？审查的重点是什么？

（5）设定决策的目标。决策期望达成何种结果，包含抽象的目的（只做定性说明）以及具体的目标（要有定量的数字）。例如，提高产能（达到每月250吨），提高市场占有率（达到13%）。

（6）决定决策的种类。分为三类，即做或不做、二者选一以及多重选择。例如，生产部门想改变配方以利于提高生产速度，请求批准，这是"做或不做"；公司选择北京或上海作为对外代表处，这是"二者选一"；有多位应征者应聘人力资源部部长的职位，应如何选择，这是"多重选择"。不同的决策类型需要不同的技巧与工具。

（7）制定决策的要素。分析决策的考虑因素，并分清轻重缓急。例如地址的选择，考虑要素为潜在客户的数量、交通便利性、人力资源成熟度、成本高低、形象有利性、相关配合条件等。配方改变与否的考虑要素为产品的性能、加工的便利性、生产成本、工艺的成熟度、机器设备适用度、改造成本、长期成本、客户接受度、市场竞争力、操作难易度等。决策要素可以很简单，只是三五项，也可以多达上百项。

（8）方案的比较与选择。客观地评估后，选择最终的项目，这个项目是以决策要素乘以加权指数所得的总分数最高者为主的。逻辑上如果程序正确，得到的结果便是正确的。

（9）验证与修正。任何重要的决策都必须加以逻辑验证，并且将风险列出，最后挑选最佳组合。例如，某公司想要实施计算机化，选定五家系统集成商，经过评估后决定从甲公司与丙公司中选择一家合作。甲公司得分较丙公司稍高，但潜在问题是主要干部不稳定，可能存在未来服务方面的问题；丙公司较新，但总体向心力强，服务意识高。该公司最终决定丙公司作为合作方，结果是成功的。

决策是经营的重要成分，也是组织的核心管理活动之一，应该让制定最优决策的过程成为团队互相学习、增进智能的机会。通过每次的决策，让组织的总体竞争力更上一层楼，在强调学习型组织的今天，组织将成为学习的园地，而决策将成为学习的课题。

（三）人本原则

随着科学技术和生产力的不断发展，企业日益向技术型、资本型、信息型和知识型转化，劳动力结构发生了很大变化。蓝领员工日益减少，白领员工所占的比重明显上升。尽管如此，人依然是企业之本，在企业中发挥着主体作用，离开了人的认识能力、判断能力、决策能力和劳动能力，就不会有其他经营手段的发展。企业要想在激烈的市场竞争中生存和发展，就必须适应瞬息万变的环境，不断推出新产品和新服务。要做到这一点，固然需要先进技术和资本，但是更要依靠企业中的人，要靠企业中人的素质的提高，要靠这些人的全力以赴。人到任何时候都不是企业中资本或者机器的配角，而是企业最重要的资源或要素。人的想象力、创造力是现代企业成功的关键因素。企业之间的竞争，从表面上看可能是技术水平高低的竞争或资本大小的竞争，但本质上是人的竞争。有了人，有了高素质的员工，劣势企业可以变成优势企业，无关紧要的企业可以发展成为举足轻重的企业；反之，失去了人，优势企业则可能成为劣势企业，甚至被市场竞争的潮流淘汰。人不但是整个企业系统的主体，而且是企业系统中任何一个子系统的主体。在现代企业的生产系统、人事系统、财务系统、营销系统、研究与开发系统中，人始终都是主体。

所谓人本管理，是指首先确立人在管理过程中的主导地位，继而围绕着调动人的主动性、积极性和创造性而展开的一切管理活动。人本管理的目标，就是通过以人为本的管理活动和以尽可能少的消耗获取尽可能多的产出的实践，来锻炼人的意志、脑力、智力和体力；通过竞争性的经济活动，完善人的意志和品格，提高人的智力，增强人的体力，使人获得超越生存需要的更为全面的自由发展。

在企业管理中，人本管理是将以人为本的管理理念和管理对策渗透到企业的各项生产经营管理活动之中,让人本管理深入企业的一切工作。为使这一设想得以实现,并使企业的一切工作取得预期目标,人本管理应遵循以下基本原则:

第一,把对人的管理放在首位。企业的人本管理工作并不是由局外人来帮助企业完成的,而是企业员工在生产实践和市场竞争中逐渐感悟、反复体验、不断学习,进而由企业员工自己来付诸实施的。所以说,从企业员工在管理中的作用来看,人本管理是企业员工的活动,对这种活动的管理,必然要求企业将对人的管理放在首位。

第二,重视人的需要,以激励为主。人本管理必须研究企业成员的个性需要,研究人的期望对其行为的驱动作用,研究激励对企业员工行为导向所具有的影响力。遵循"重视人的需要,以激励为主"的原则,应侧重于使企业成员受到尊敬、获得自我实现的满足感,即保障员工参与企业重大问题的决策,实施目标管理;在企业中确立公平公正的员工绩效评估、考核体系;此外,企业还可以通过采取轮换工作、扩大工作内容、改善工作和生活环境等措施,来体现对员工的重视,激发和调动员工的积极性、主动性和创造性。

第三,创造更好的培训、教育条件和手段。一个能立于不败之地的企业必然注重人才、爱护人才。推行人本管理就是将更多的员工培养成为推动企业发展和社会进步的栋梁之才。仅仅依赖工作环境、生活环境的变化来改变人们的思想、心理和行为,将是一个自发而缓慢的过程,而通过教育和培训则可以积极地、能动地影响和改变人的认知结构和行为方式。因此,在经济管理的过程中,创造更好的培训、教育条件和手段,就成为人本管理应遵循的重要原则。

第四,人与企业共同发展。一般来说,企业目标与个人目标有所不同,因为企业是人的集合,而不是单个的人。作为营利性经济组织,企业还有拓展市场、赢得利润、扩张规模、增强抗风险能力和实力等目标。但现代社会中的企业,其上述指标体系已完全不同于十年、二十年、三十年前的指标体系了。因此,企业发展的手段和措施也有所不同,其重要标志就是人与企业共同发展。要促进人与企业的共同发展,就应该完善企业的权力结构、沟通结构和角色结构,将企业改造成一个学习型组织,从而极大地激发人的潜能并使之成为组织发展的内在动力。

遵循人与企业共同发展的原则,必将提高企业成员的参与性和创造性,从而推进企业的人本管理。

第三节 经济管理方法

一、经济分析方法

（一）边际分析方法

在经济学的众多模型中，最基本的模型便是建立在边际这一概念基础上的分析模型。边际分析的基础是各种经济现象之间拥有一定的函数关系。在企业生产经营决策中，总是大量存在着某一因变量依存于一个或几个自变量的函数关系。所谓边际分析，就是借助这种函数关系，研究因变量随着自变量的变化而变化的程度，以比较经济效果的一种分析方法。按照边际分析原理，人们在做出决策时，主要应当考虑的是由于决策而引起的投入变动的边际产出或边际效果，这样，这种边际值才能准确反映决策的直接后果。它应当是决策的主要依据。

要掌握边际分析的原理和方法，首先应准确理解和掌握边际的概念。边际的概念可以从它的经济含义与数学含义及二者的结合上加以理解。

1. 边际的经济含义

所谓边际，就是边缘、额外、追加之意。它被人们用来揭示两个具有因果或相关关系的经济变量之间的动态函数关系。当某一经济函数中的自变量发生微小单位的数量变化时，因变量因此而发生的相应的数量变化值，被称为该因变量的边际值。例如，企业的销售收入是其产品销售量的函数，在某一既定的销售水平上，产品销售量再增加或减少一个单位，可能使销售收入增加或减少的货币额，就称为在特定销售量条件下的边际销售收入。可见，边际在经济分析中是特定经济函数关系的产物，它揭示的是某一经济变量在相关变量影响下所发生的边缘性变化。

在社会经济生活中，边际关系广泛存在。在企业经营决策分析中，可以将边际的概念应用于产量、收入、成本、利润等经济变量，以分析和考虑这些经济变量在相关变量影响下最后一个单位的变化情况。这些变量的边际变化趋势，大致可以分为逐渐增加和不断减少两种基本情况，如边际生产成本，当产品生产量超过一定限度时，随着产量的不断增加，每增加生产一件产品所产生的的边际成本，将呈递增的趋势；而由一个工人劳动时间不断增加所带来的边际产品，则会逐步减少。

在日常生活中，也可以找到大量的关于边际的概念和关系的例证。比如，一个消费者在连续吃下三块面包后，吃第四块面包时的感受（称为边际消费效用）；或者一个学生在连续学习三个小时后，再进行第四个小时学习时的边际学习效果；等等。

2. 边际的数学含义

从数学的角度看，所谓边际，就是某一连续函数的导数。它反映的是自变量的微小变化对因变量的影响。导数作为原函数的变化率，准确地揭示了边际的含义。用反映两个变量微变化值比较关系的导数作为因变量的边际值，是因为它反映了因变量的边际变化是受自变量的单位变化值的影响而产生的，说明边际是函数之间变化关系的产物。边际的概念实际上是它的经济含义和数学含义的有机统一。边际分析，实质上就是在把有关经济变量的相互关系转变成特定的经济数量函数关系的前提下，分析和判定自变量最后一个单位值的变化可能引起的相关变量的变化方向和幅度。

（二）最优化分析方法

管理者要想实现企业目标，就必须在外部条件给定的情况下找到一个能有效地提高企业价值的方案，要找到这样的方案，办法是穷尽所有可能，计算出每一种结果带来的利润，然后从中挑选最佳的一个。当企业可选方案较多时，要找到最优方案，决策学、微积分学、线性和非线性规划可以提供帮助。

最优化是确定对某一特定问题的最佳可能解的过程。因此，首先，最优化需要有明确而具体的目标，如目标产量、目标利润或目标成本等，而不是笼统地对企业较长时期的总体目标或综合目标寻求最优解。其次，寻求最佳方案只有在企业拥有多个可行的备选方案的条件下才有适用性。如果可供采取的行动方案只有一个，就不存在决策问题，也就不需要最优化。再次，所谓最优方案或最优解，从根本上讲，仍然是一个相对的概念，这是因为人们受时间、精力、知识和财务资源等的限制，不可能提出一切可行的方案来选择优化。因此，所谓最优化，也只是在一组相对有限的行动方案中做出选择。最后，最优化分析总是同有关经济变量的数量函数关系相联系，因此，数学分析模型和方法成为实现最优化的基本工具。

在企业决策最优化中运用数学方法，有如下一些基本的规则：

（1）最优化分析经常需要求解一个函数的最大值或最小值，如确定企业一定时期实现的最大利润或消耗的最小成本。确定函数最大值或最小值的特别简便有效的数学工具就是微分法。只要计算因变量的一阶导数 $dy/dx = 0$，就可以确定达到目标函数的最大或最小的自变量值，从而为确定最佳方案提供数学依据。

（2）多元函数的最优化需采用求解偏导数的方法。例如，企业产品销售量通常是产品价格、质量、消费者偏好、收入水平、企业广告、营销方式等多个变量的函数。这些变量共同作用，综合形成某种结果。为了严格区别和确定全部销售量中各变量单独变化所引起的销售量增长最大值，则需借助数学分析中求解偏导数的方法，即先对某一变量求偏导数，暂时将其余变量均视为常数；对逐个变量求偏导数，并使它们分别为零，确定使因变量函数（如销售量）最大的值，满足所有偏导数为零的一组变量值，即为最优解。

（3）约束最优化。经济管理所研究的问题，常常是在遵循某种约束的条件下寻求最佳经济效果。约束最优化研究的问题一般是，在一定的约束条件下，多种投入要素如何组合或同种资源在不同用途之间如何分配，以使目标利润或目标成本达到最佳。这时，最优化由简单的求极值问题转化为在特定约束条件下择优分配的问题；实现经济效益最佳的条件，由边际损益相等转化为各个边际收益都相等。这个相同的边际收益被称为统一边际收益。择优分配原理指出，某一种资源利用的最佳点，是同一资源在不同用途中获得同样的边际收益。例如，一种限定数量的投入品 X 可用于边际收益不同的三种用途 A、B、C。如果 A 的边际收益大，人们自然就要将较多份数的 X 用于该种用途，以提高效益。但同时，边际收益是递减的。因此，当投入一定数量的 X 使 A 的边际收益低于 B 的边际收益时，人们自然会将一些投入品 X 转移到 B。以此类推，直到使 X 投入到 A、B、C 三种用途的边际收益都相等时为止。此时，再增加哪种用途的投入也不会再使总效益增加，这就实现了经济效益最佳。

（三）博弈分析方法

在许多市场中，企业之间决策的相互影响较大，而传统经济学往往把外部环境或竞争对手的行为作为既定的、外生的行为，这使一些传统的分析方法在分析企业决策之间的互动规律时力不从心。博弈论则主要研究决策主体的行为发生直接相互作用时的决策，以及这种决策的均衡问题，即研究当一个企业的决策受到其他企业决策的影响，而且反过来影响其他企业决策时的决策问题和均衡问题。博弈论不仅研究单一企业在利润最大化作用下的市场行为，而且更强调其行为是与环境、历史等因素密切相关的，能够具体地研究企业在各种不同的环境和历史、企业与企业之间的相互关系等条件下的行为方式及变化。

在企业的经营决策中，传统的经济理论主要讨论单个企业在资源约束条件下的利润最大化，而博弈论则更强调在市场竞争中所实现的，竞争各方都不愿单方面改变自己策略时所形成的，在博弈均衡状态下的利益均衡化。博弈论所得出的均衡解是要同时考虑每一个博弈参与者的策略都如此选定时的策略组合，它往往要解出由多个企业目标函数生成的联立方程，而不同于传统经济学只在考虑单个企业的利润最大化的模型中寻求最优行动方案。

二、系统方法

要进行有效的经济管理活动，必须对影响经济管理过程的各种因素及其相互之间的关系进行总体的、系统的分析研究，才能形成可行的基本理论和合理的决策活动。总体的、系统的分析研究方法，就是用系统的观点来分析、研究经济管理活动。所谓系统，是指由若干组成部分结合而成的、具有特定功能的有机整体，系统本身又是它所从属的一个更大系统的组成部分。根据这个定义，经济管理过程是一个系统，在分析和研究经济管理过程这个系统时，要把握其作为一种实体所具有的如下特征：

（1）整体性。经济管理过程是经济管理各要素之间相互联系、相互作用而构成的有机整体。

（2）目的性。经济管理系统的目的就是使组织中的各个要素得到合理的配置，进而创造价值、提供服务，从而获得最优的经济效益和社会效益。

（3）开放性。经济管理过程本身是一个系统，但它又是社会系统的组成部分，因此，它不断地与外部社会环境进行物质、能量和信息的交换，因而具有开放性特点。

（4）相互依存性。不仅经济管理的各要素之间相互依存，经济管理活动与其他社会活动也是相互依存的。

（5）控制性。经济管理过程具有信息反馈的机制，以使各项工作能够及时、准确地被控制，从而进行有效的经济管理。

学习经济管理的概念、理论和方法也要用系统的观点来进行指导，通过经济管理过程中管理职能的展开，来系统研究经济管理活动的过程、规律、原理和方法的问题。因此，学习经济管理，绝不能把各项职能工作割裂开来，而应把它们当作整个经济管理过程的有机组成部分来系统地分析和思考。

除上述方法外，还有其他一些方法，如归纳与演绎的方法、比较研究的方法等。总之，学习和研究经济管理时，要综合运用各种方法，吸收和采用多种学科的知识，从系统的观点出发，联系实际，实事求是，这样才能真正掌握和发展经济管理的内容。

第四节 经济管理决策

现代企业发展环境的复杂性达到了有史以来的最高点，这给企业的发展带来了阻碍。企业想要具有发展优势，就必须做出良好的经济决策，制定符合企业实际情况的策略，维持企业的发展动力。

一、对企业经济管理过程中决策的基本认识

经济管理是一项相对严谨的管理工作，在这个过程中，决策的制定需要结合当前企业发展的现状，在充分了解相关问题、把握关键点的基础上才能够发现问题并解决问题。因此，科学的决策才能够使企业经济管理朝着正确的方向发展，而科学的决策需要在遵循客观经济规律的基础上，切实地反映客观问题，符合实际管理活动的需求。要制定科学的决策，就要进行一系列的工作，在制定决策之前，必须要进行大量的调研和分析工作，全面地了解经济运行的状况，针对其中出现的问题，及时做好记录和统计，不能盲目地制定，一切要从实际出发，根据客观规律的变化来分析。与此同时，在制定决策的过程中，还要建立和完善一套制定科学的决策的程序。企业相关管理者和领导者在制定经济决策时，要有相应的流程来进行约束，而不是简单粗暴地制定决策。

二、决策的制定

领导者在制定决策时，一定要遵循合理的程序，运用正确的经验和方法。按照客观的条件，科学决策的制定大致可以分为：调查研究、客观分析、科学预测与全面评估四个方面。

（一）调查研究

没有调查研究就没有发言权，调查研究是发现问题、提出问题和解决问题的最佳途径，也是决策的起点。在调查研究的过程中，要一切从实际情况出发，实事求是地进行分析归纳，要合理地运用马克思主义的理论和指导方法，运用一切可应用的现代化调查手段。

（二）客观分析

对调查研究的结论进行客观分析是十分必要的。客观的分析不仅有助于领导者彻底了解问题的本质，更能帮助领导者在决策的过程中尽量减少失误。

（三）科学预测

在对信息、资料进行合理的归纳、客观的分析后，进行科学的预测就势在必行了。在进行预测的过程中，必须全面考虑市场动态、企业现状、国内外的市场走势、科学技术的发展水平、设备的构成、国家的政策方针等，这些因素缺一不可。

（四）全面评估

任何一个问题的解决必然有着多种途径，在经过调查研究、客观分析、科学评估后，在制定决策时要多提出几个方案，进行全面的比较，然后进行全面的评估，合理分析每个备选方案的优弱点及可行性。领导者面对多种备选方案时必须集中注意力，依照经营经验进行客观的分析，从多个备选方案中选出最佳决策方案。

三、决策的实施

领导者在制定决策后，还要进行正确、合理的实施，在实施的过程中最大化地体现决策的价值。领导者必须具备相应的魄力和胆量，将决策执行到底。

（一）拟定合理的实施计划

制定了最佳的决策方案后，在实施的过程中，也要拟定合理的实施计划，以最大化地实现决策的价值。在实施时，应明确各相关职能部门的职责和分工，建立严格的责任制，有层次、有目标、有计划地逐步落实方案，层层落实目标，严格按照计划时间进行，以保证决策被强有力地执行。

（二）宣传动员、统一思想

在执行的过程中，要统一思想、全面动员、共同执行，以求最好、最快地完成决策任务。

（三）全程追踪，建立信息反馈制度

在决策的执行过程中，会出现许多影响因素和变量，加上许多主、客观因素的影响，很可能会使决策在执行的过程中发生目标偏离等情况。所以，在对决策的执行过程中，必须制定全面的信息反馈制度，进行全程追踪，以期尽早发现和修正问题，保证决策执行的最终结果与计划一致。

四、提高企业经济管理决策的措施

（一）完善经济管理制度

随着市场经济改革的不断完善，要适应新的经济发展模式，就要对现有经济管理制度进行创新和完善。创新的经济管理体制可以促进企业经济管理的顺利进行，促进企业的高速发展，提高企业决策的科学性，提高企业产品的研发力度。新的经济管理制度还可以为企业各项经济活动的正常进行提供依据，为企业的经济管理工作奠定基础。

（二）改善经济管理环境

完善企业的运行机制，改善企业的经济管理环境。良好的企业经济管理环境不仅可以促进企业经济活动的高效运行，还可以提高企业经济管理决策的科学性。因此，企业要进行经济管理环境整改，创造良好的企业经济管理环境，以提高企业经济活动的高效性和企业经济管理决策的科学性，从而提高企业在市场经济活动中的综合竞争力，提高企业的生存能力，促进企业的长足发展。

（三）提倡弹簧式经济管理

我国传统的经济管理体制通常为刚性经济管理，即要求员工严格服从企业经济管理制度，严格遵守企业规定，必须按时、按量完成企业所分配的经济指标。而弹簧式经济管理是相对于刚性经济管理模式来说的，所谓的弹簧式经济管理模式，即以人为本，坚持企业的人性化发展，根据每个员工的特点，对员工进行合理的分工，即使员工没能完成工作任务，也要谅解员工，确保实行人性化管理。同时强调在工作过程中人人平等，充分调动企业员工的主观能动性和工作积极性。

管理决策是现代管理活动中非常关键的一项工作，决策是管理的核心，可以说整个管理过程都是围绕着决策的制定进行的。因此，管理决策的科学与否关系到企业的兴衰成败。

第五节 智能化与经济管理

一、技术经济及管理专业概述

（一）主要研究方向

技术经济及管理是一门新兴的应用经济学科，属于经济学的一个分支。技术经济及管理将技术经济学与管理学结合起来，为了达到预先设定的目标，最大程度地利用现有资源，完成技术经济下的决策、控制、规划、协调与管理。近年来，随着国内社会经济的快速发展，相关企业不断发展壮大，技术经济及管理专业凭借其与社会其他专业的高融合性和高可塑性，得到了越来越广泛的关注。

目前，技术经济及管理学科研究的主要对象主要包括学科的理论基础、学科的研究方法，以及学科研究方法的实际应用三个方面。对一个具体的项目而言，主要包括：工程中整个工作流程的建设、如何对项目方案的可行性进行具体分析，以及项目实施方法的确定、整个项目的构成与各个环节的把控与管理。

技术经济及管理学科的主要研究方向包括以下几个方面：

（1）一些投资项目的决策、造价、运营形式、管理方式等，其中也包括一些政府部门的相关项目。

（2）关于对一些投资项目的决策、管理和对全寿命项目的管理等基础理论及体系，包括其在其他企业中的应用。

（3）投资项目所面临的风险、如何有效地避开风险，以及如何进行风险控制、风险预警以保证公共安全等内容的基础理论与解决方法。

（4）主要研究企业在运行过程中如何适应社会的不断发展，进行内部改革与创新的内容，主要包括企业形式的不断发展，以传统形态的逐步淘汰、新形态的逐步产生，以及企业内部进行重新规划、企业边界的重新调整为主要特征；企业制度的不断更新完善，包括治理、管理制度等；企业内技术的不断创新，包括企业内的设备、资产、物流等各个方面，以此保证企业的低成本运行和可持续发展。

（二）目前技术经济及管理专业的发展趋势

技术经济及管理专业得到了越来越多高校的关注。在现有的国家评定的"双一流"院校内，超半数学校设立了技术经济及管理专业。在一些院校里，该专业甚至是学校的主要学科。在各类专科学校中，技术经济及管理专业大多从属于工商管理，是其下的一个学科，且这样院校的数量在设有技术经济及管理专业的院校里面超过百分之五十；也有一些院校将技术经济及管理专业分设在其他学院的院校，但数量不多；还有一些院校成立了单独的技术经济及管理学院。各大学校将该专业在学校内进行不同的归类，都将该专业设置为学校的教学科目，反映了目前各类高校对这个专业的认可与重视，而该专业在各类院校中同时存在，也反映出了该专业本身的高兼容性，能够与不同学科、不同院校的专业进行融合，足以见其涉猎之广。

技术经济及管理专业授课老师的学历呈现出上升的趋势。通过对国内众多高校的技术经济及管理专业授课老师的学历进行数据收集的结果显示，大多数授课老师的职称已经是教授或副教授级别了，而教育部针对普通高校的专业教师职称结构的要求中，教授或副教授级别并不需要有如此之高的比例，技术经济及管理专业教师的职称级别已远超教育部的要求。近些年来，随着技术经济及管理学科的不断发展，越来越多的年轻老师从事该学科的教学，因此，与其他专业相比，技术经济及管理专业教师中学历高者更多、更为年轻化，更有发展活力，且质量较为优秀。各大学校对技术经济及管理专业有着不同的定位，有些把它归属于其他专业，有的则单独设置，这就要求授课老师必须对各类专业背景与各类专业的融合方式等有所了解。这对授课老师提出了更高的要求，促使其具有很强的专业和研发的能力。由此可见我国目前技术经济及管理专业师资水平的不断壮大。

技术经济及管理专业发展速度越来越快。根据相关统计，我们发现，最近几年技术经济及管理专业方向论文发表的数量逐年递增。20世纪中期到末期，与该专业相关的研究很少，因此发表的论文数量也屈指可数，而到了21世纪初，该专业得到了迅速的发展，论文数量已超过两万篇，论文发表数量的增加也暗示了该专业研究人员的不断增加。从论文数量迅速变化的现象，我们可以发现技术经济及管理专业的发展之迅速，而如今的发展也将给该专业的继续壮大与发展打下良好的基础。从论文发表的领域，我们可以看到，技术经济及管理专业可以与其他各种类型的专业进行有效结合，且结合的专业数量越来越多，专业类别越来越具体。同时，从论文的关键词中，我们可以发现，技术经济及管理专业相关的论文与时代具有紧密的结合性，并随着时代的改变不断更新发展。

(三)新时代面临的问题

当代社会的科学技术水平在不断发展，每个企业都在研发新产品上投入了大量的人力、物力，且各行各业的智能化、自动化技术蓬勃发展，替代了传统的劳动力。在国内许多市场接近饱和的状态下，国内人群的消费结构发生了很大的改变，逐渐从卖方市场过渡到了买方市场。市场的需求也是多种多样的，且在新的社会条件下，各种宣传方式层出不穷，人们在家便知天下事，避免了传统企业垄断的现象，这就导致企业之间的竞争更为激烈。在新的时代要求下，技术经济及管理专业发展也面临着新的问题，主要包括以下两个方面：

一方面，技术经济及管理专业发展的理论基础还比较薄弱。技术经济及管理学科起步较晚，虽然在20世纪也有相关研究，但却少之又少。虽然在21世纪得到了快速发展，但到目前为止，还属于起步阶段，并不像其他学科那样具有完整的理论体系，且在技术经济及管理学科领域具有突出贡献的人物仍然极为少见。目前，该学科的发展多为"纸上谈兵"，主要包括方法和分析，但在实际中应用的例子却不多，虽然也形成了一些与技术、知识产权等相关的理论，且这些理论也在不断完善和丰富，但这些理论大多只适用于当时的社会环境，应用于现在的社会条件显然不够合理。这就使得该专业虽然具有很高的热度，但却没有取得很好的成果。

另一方面，技术经济及管理专业需要与其他专业融合起来，独立发展具有局限性。由于技术经济及管理专业在实际研究中主要研究的是方法，不注重应用，因此需要与其他专业相结合，其作用才能得以发挥。因此，学习技术经济及管理专业，除了要掌握专业本身的理论知识和方法，还需要了解不同的专业背景，掌握如何将经济学方法通过一定的技术融入实际生产活动中的方法。目前，和技术经济及管理学科融合较多的主要都是一些管理学科，因此，要与其他学科融合，就势必需要学生花费更多的时间来学习其他学科的相关知识和背景，这就会使学生虽然了解很多领域，但无法集中精力，从而难以在某一领域有大的突破。

二、智能化概述

智能化技术主要通过传感器、计算机、导航等硬件，利用其特性将传感技术、控制技术、定位技术应用于实际生产。我国提出的制造强国战略，其中就有智能化技术的参与，以设计出更智能、更高端的产品。随着电子商务的迅速崛起，我国国内市场的商业基本全面实现了智能化。越来越多的企业将智能化技术应用于项目中，来对企业的服务进行升级，降低生产成本，提高生产效率和质量，保证效益，因此，将智能化技术有效地应用于企业是目前企业追求的目标。

（一）智能化技术应于企业管理的意义

第一，紧跟时代潮流，提高经济效益。在计算机得到普及、智能化技术在各个领域得以广泛应用的背景下，智能化技术在企业的充分应用，可以在激烈的市场竞争中给企业带来新的机遇，且能够顺应时代潮流，与时俱进，改善企业内部的管理方式，提高企业的经济效益。

第二，扩大营销方式。目前，各类网络营销方式不断涌现，且以飞快的速度占领着国内市场，通过计算机信息技术的应用，企业可以拓宽自己的销售渠道，减少中间销售环节，节省中间环节所需要的开支，提高消费者的购买效率，在降低成本的同时也降低产品的销售价格，使企业在市场上具有更大的优势。

第三，打造高端产品。智能化技术，如大数据、云计算等，可以对产品的销售数据进行分析整理，可以使企业根据消费者的需求生产出更符合其需求的产品，同时，可以根据市场的变化不断调整产品的价格和形式，提高企业自身的竞争能力。

第四，提高企业内部管理效率。科学的管理方式可以有效地提高企业内员工的工作效率以及工作质量，建立智能化管理体系；能够使整个企业的管理具有更高的机动性，保证管理制度更好的实施。

（二）技术经济及管理专业的智能化发展策略

1. 将计算机信息技术与企业经济管理优化整合

充分利用计算机信息技术，开发有利于企业管理的相关软件，探索先进的管理思想和方法。例如，可以通过客户评价软件得到客户使用产品的反馈，以生产出更符合客户需求的产品；通过员工管理软件，来更好、更便捷地管理企业内部员工，及时下达相关通知和消息；通过财务管理软件提高财务工作效率；通过网上订货、交易、快递送货等方式节省传统方式中采购人员出门采购的时间，提高企业的日常运营效率。

计算机信息技术在企业中的应用可以使管理者及时地了解生产进度，把控生产计划。计算机信息技术可以利用一些软件实现零库存，有效降低财务的支出。且计算机具有人类所没有的能力，如企业的财务系统，利用计算机技术可以得到更为准确的计算结果。计算机具有更为强大的数据存储能力，可以避免人为因素导致的计算错误等，提高管理者的管理能力，实现各类管理要求。

2. 对市场需求进行智能分析

通过计算机信息技术，企业可以对大量消费者的消费数据进行分析整理；可根据不同人群的需求将市场需求进行细化，得到更为准确的市场需求信息。企业只有把握住消费者的需求，将企业生产与消费者的需求联系起来，才能满足人们的需求，在市场竞争中脱颖而出。

3. 完善管理制度

企业设立的内部管理制度不是一成不变的，要根据时代发展和社会变化不断进行调整和改善，结合企业的实际发展情况，制定适合本企业的科学的经济管理制度，将智能化技术用于完善企业各类管理制度。同时，建立公开透明的监理机制，实现对整个生产过程的有效监督和管理，及时发现生产中的各类问题和风险并进行有效解决；将权利和责任分配到个人，增强员工的责任感，提高工作效率，保证工作流程的透明度。

4. 增强员工管理，促进智能化发展

员工的能力对企业的发展起着决定性的作用，因此，企业要定期对员工进行培训，夯实员工的理论基础，将理论与实践相结合，提高员工的专业技能，对员工的思想意识进行引导；使员工能够随着时代的发展不断进步，以适应企业不断智能化的设备和管理，鼓励万众创新，让员工与企业共同进步。企业要跟踪国内外的发展状况，不断学习，有效开展相应的交流项目，与发展较好的企业进行交流，学习、引进其先进的管理模式。

管理者是企业的决策者，决策的好坏往往关系着企业生存的命脉，一套好的管理体系可以带领企业蓬勃发展，一套不好的管理体系只会使企业的工序烦琐、效率低下，影响企业的发展。提高管理者的管理水平，培养新的科学的管理意识，可以帮助企业制定出更为合理的管理体系，使智能化技术更好地服务于企业。因此，企业可以通过引进专业的管理人才或者对企业内部现有的管理者进行培训等方式来提高企业的管理水平，使管理者更加适应潮流发展趋势，看清市场形势，针对企业员工的能力，做出更为科学的决策。

近些年我国经济持续增长，这也意味着技术经济及管理专业有一个很好的发展大环境。我国提出"一带一路"倡议，使企业可以更好地加强合作交流，进行资源共享。企业要想高速发展，就必须看清市场环境，结合现有技术进行改革创新，利用技术经济及管理方法论，结合高端的智能化管理方式，不断对企业管理和生产进行调整和完善，提高企业的经济效益，这样才能在激烈的竞争中占据一席之地。

第二章 经济管理体制

第一节 经济管理体制的优化

我国经济随着改革开放快速地发展，但是，在其发展过程中也出现了一些问题，如农村经济发展缓慢、中小型企业发展受阻等，这些问题制约了我国经济的可持续发展。因此，政府机构要根据时代的需求不断完善市场经济管理体制，同时，要根据实际发展需要不断对经济结构进行调整，完善市场秩序，保证经济管理体制能够适应社会的发展，从而助力我国经济的健康发展。

一、经济管理体制的特点及现状

经济管理体制主要体现在各种经济或管理关系中，因此，科学、规范的经济管理体制可以促使经济良好地发展。

现阶段，我国经济结构中大部分仍然是国有经济，但是我国国有经济在进行经济管理的过程中，采用的依然是以往的计划经济体制的管理思维，这种情况极大地降低了国有企业的活力。而且，在经济管理过程中，政府对经济发展过程干预过多，也导致企业对自身发展失去了主动性，降低了企业的积极性，影响了企业的发展。

二、优化经济管理体制的措施

国有经济在我国经济结构中占绝大部分，因此，为了优化经济管理体制，政府应主要从国有企业入手。在这个基础上，可以采取以下措施：

（一）优化经济结构

在我国的经济结构中，国民经济支柱大多是重工业，这对于我国经济的可持续发展是不利的。因此，政府相关部门应该从实际出发，制定相关政策，不断优化经济管理体制，促使市场经济结构转型，同时，为了整体经济的可持续发展，应逐步增加第三行业的比重。政府应该增加对高新技术、公共行业、涉及国家安全的行业的扶持力度，加大打击危及生态环境的重污染行业的力度。此外，为了进一步促进社会资源的优化配置，政府应该制定相关政策，引导、调整市场消费结构，从而进一步推动国企改革，避免不同行业的垄断行为；政府也应该根据国有企业发展的特点进行分析，结合我国实际国情，逐步调整国有企业的经济结构，为其他企业的经济结构调整做出模范带头作用，从而促进经济结构的全面调整。

（二）调整市场经济秩序

目前，政府在进行经济管理的过程中，重心大多放在国有企业和国有资产上，而对国有企业和国有资产的管理力度不够重视，导致市场经济秩序调整的重心发生偏移，往往不能达到良好的效果。因此，为了能够有效地调整市场经济秩序，政府应该加大对国有企业和国有资本的管理力度，根据实际情况逐步调整国有经济的市场秩序，从而为国有经济发展提供多样化的机遇，促使国有经济平稳发展。

首先，政府机构应该放弃过多干预企业发展的行为，采取适当的企业减负措施，从而促使企业不断改革，完善企业的经济管理制度，促使其不断适应社会主义市场经济；其次，国有企业的改革刻不容缓，在进行国有企业改革的过程中，也要注重政府与企业的分离，以产权改革为入手点，逐步建立现代企业制度，细化企业的产权和职责，同时，为了防止政府部门垄断企业管理，还应该逐步完善监督运营机制；最后，由于国有经济在市场经济中占有重要地位，市场经济布局的调整主要应从国有企业入手，同时，政府也应该为中小型企业提供更大的发展空间，促使其不断发展，为市场经济结构提供新的活力。

（三）促使城乡、企业协调发展

现阶段，我国农村经营体制改革和税收体制改革提高了农业生产力，取得了良好的成效，大型农业设备的引入在降低了农民工作量的同时，也增加了农民的收入，从而逐步缩小了城乡经济差距。为了进一步缩小城乡差距，当地政府可以定期组织乡镇管理人员开展座谈会，对各乡村发展过程中出现的问题进行综合分析，从而制定出合理的乡村发展方案（如发展旅游业、种植项目等），不断提升乡村经济效益。

社会的发展与进步离不开企业的推动，而企业也是国民经济正常发展的重要部分。政府需要对经济体制进行创新，降低企业发展的负担，根据实际情况不断完善企业规章制度，促进企业的良好发展。当地政府也应该制定中小型企业扶持政策，建立"大帮小"的企业合作模式，促使大型企业与中小型企业同步发展。中小型企业可以借鉴大型企业的优秀发展经验，促使自身不断提升经济效益；而大型企业也可以通过带动中小企业发展的行为，提高自身的社会地位；两者也可以通过合作学习，不断完善企业制度，从而实现优势互补，持续地发展进步。

总而言之，为了逐步优化我国的经济管理体制，政府应该注重国有经济体制的改革，逐步将计划经济体制转化为市场经济体制，从而促使我国经济管理体制不断适应时代的需要。在优化经济结构和调整市场布局的基础上，也要注重乡村、中小型企业的经济改革，从而不断完善我国的经济管理体制，进一步推动我国国民经济的发展。

第二节　经济管理体制的完善

关于经济管理的内涵，不同的人有不同的看法。有些人认为，经济管理体制属于上层建筑；有些人则认为，生产管理系统关系的存在，对丰富经济管理体制有重要作用。总结经济管理制度的内容，主要有以下几个方面：第一，结构和制度体系包括不同的经济成分和不同的运作方式；第二，国民经济运行过程中的经济管理系统包括经济管理的主要内容、构成等；第三，经济组织管理机构的职责、利益和权力的分配涉及企业整体的责任、利益和权力的分配，以及企业领导的分配；第四，经济管理制度包括各级监督管理在内的监督管理体制，以及确保经济的良性运行和满足经济发展的需要。

一、经济管理体制发展的难点

第一，随着社会的发展，人们需要更多的公共服务，也渴望维护自己的权益，这种情况与政府提供的公共产品和公共服务相矛盾。在我国强调工业化发展的过程中，人民群众有较高水平的物质文化需求，对政府的期望也越来越高。但是我国的实际情况不同于发达国家。我国人口众多、幅员辽阔、经济还不发达，存在着明显的城乡地区差别，这种状况不可能在短期内消失。另外，受国家财力的影响，政府提供的公共产品与公共服务也不可能一步到位，要循序渐进，在教育、卫生、社会保障等各个方面寻求新的突破。我国的这种状况也不符合人民群众对政府的要求与期望。

第二，在改革过程中，行政体制改革深刻地影响着整体的改革进程。尤其是随着改革的深入发展，行政管理体制改革不仅影响着经济体制改革，而且影响着政治体制改革，在改革中处于非常关键的地位。所以，只有做好行政管理体制改革，才有利于各项改革的顺利开展。

第三，政府要通过经济手段和法律手段逐步发展出一种管理模式，中间一定有很多困难。首先，政府部门要转变观念，淘汰计划经济体制下的各种认识，逐步从政府主体发展成为市场主体；其次，不能过多利用行政手段影响经济活动，也不能过多地进行微观管理，而应该实行宏观管理，在管理中多应用法律与经济的方式，建设法治型政府，做到依法行政；最后，要遵循规律做事。

二、完善经济管理体制和市场秩序的对策

（一）要进一步加大宏观调控的力度

要充分发挥国债在国家宏观调控中的作用，正确引导社会投资活动。投资的增长速度将直接影响我国经济发展的速度，因此，需要把社会投资活动与国债联系起来，找到两者之间的平衡点，实现经济的快速增长。在投资增长的过程中，可以采用相应的方式来促进消费。高消费能力和高消费水平对社会投资起着一定的促进作用。只有将消费与投资相结合，保持两者之间的互动关系，才能对经济发展起到积极的作用。

（二）创新体制，调整结构

技术进步和生产力发展的主要动力来自企业，而国家经济的发展是企业具备活力和生命力的重要条件。当前，经济体制中还存在一些问题，主要原因在于企业活力不足。在当代管理制度中，国家对企业的限制、要求比较多，这给企业增加了无形的压力。要解决企业管理机制中存在的问题，就要减少政府对企业的过多干预，保持政策的灵活性，减少企业的生存压力。应结合社会主义市场经济的原则，制定适合企业生存发展的规章制度，确保企业员工的合法权益，使员工劳动和生产的积极性得到提升，彻底改变原来的劳资制度，促进企业经济效益的提升。

调整市场经济体系，制定相应的政策，实现对资源的优化配置，达到合理利用资源的目的。加快寻找经济增长点，优化消费结构，利用升级优势，达到优化产业结构的目的。对受到计划经济影响的国有企事业单位，要转变企业管理方式，改革企业体制。某些企业虽然市场竞争力较强，但受外在因素的影响，企业利润较低，因此，企业需要在市场经济环境下，结合自身情况优化企业结构。

（三）加强农村改革，实现协调发展

我国国民经济的基础在农村，农业对中国的经济建设做出了巨大的贡献，也为现代城市提供了物质保障。随着新政策的不断实施，城乡一体化得到了发展，一些乡镇改革取得了显著成效。在农村改革的过程当中，要优化、重组党政机构，促进党政机构办事效率的提升，同时为新农村发展注入活力。完善财政管理体制，加大管理农村债务的力度。随着改革试点的不断推进，我国在农村改革方面积累了丰富的经验，经济体制和税收制度改革逐渐减轻了农业生产的负担，但是随着经济的进一步发展，农业经营体制也出现了很多问题。生产效率的不断提升，在增加农副产品产量的同时，也改变了供求关系，凸显了农业生产结构中的矛盾。在市场上，农副产品的价格增长较为缓慢，这也是农村经济发展面临的问题。不同地区的经济增长情况各不相同，经济收入方面的差距也非常明显，这逐渐拉大了城乡经济发展水平的差距。

三、调整经济管理体制的结构

（一）促进经济布局调整

制定长远的发展战略，有效调整国有经济结构。过去，国家只注重国有资产及其管理，忽视了国有资本经营的重要性。如今，制定发展战略时需要转变这种观念，要将国有资本的管理作为重点，实现经济效益的最大化，促进多元化的产权局面的形成。在分析我国现有的经济管理体制时，要综合考虑我国现有的经济状况和国有企业所处的地位，通过控制国有企业来实现对国民经济的调控。我国的国有经济涉及不同的行业和领域，同时也关乎国家的安全和发展，因此，需要加大对公共产品和高新技术的研发，促进企业不断发展。

（二）加强国有企业改革

要将改革国有企业作为完善经济管理体制的一项重要措施，重视改革，加大相关改革的力度，将二者有效地结合，实现共同进步、共同发展，在实践中获得突破性发展。

（三）促进小型企业和大型企业的共同发展

在发展大型国有企业的同时，要加大对小型企业的扶持。国有企业实现战略性改组，要增强国有经济的实力和发展能力，制定正确的战略，进一步完善国有企业制度；实现国有企业和非国有企业的联合、兼并，促进其合作关系的专业化和社会化；

加大对企业自主知识产权的研发力度，使企业逐渐形成自身的核心竞争力，促进其产品的研发和自主创新能力的发展。小型企业要利用资产重组的机会，出让经营权，优化所有财产的组织形式，增强自身在市场上的独立竞争能力。

我国的经济体制已从原来的计划经济体制过渡到市场经济体制，市场的调节已取代计划经济体制。在这个过程中，市场与社会、政治、经济的关系日渐紧密，促进了经济的快速、健康发展。虽然在经济发展的过程中会遇到各种挫折和困难，但在国家宏观调控和不断实践探索下，经济管理体制将继续完善，国民经济将得到更好的发展。

第三节　经济管理体制的改革趋势

改革开放以来，我国开发区依靠优惠政策、体制优势和有效运营，已发展成为各地重要的经济增长点，发挥了区域经济发展的窗口、示范、辐射和带动作用。但是，随着经济全球化趋势的加快和我国市场经济体制改革的深化，开发区原有的政策与体制优势逐渐减弱，管理体制与经济社会发展要求不相适应的矛盾和问题日益凸显，因此，迫切需要加大改革、创新的力度，破除体制机制障碍，继续保持快速、健康的发展势头。

一、开发区的现状和主要管理体制类型

我国开发区自20世纪80年代初建设发展以来，经过1993年和2003年两次大规模清理整顿，到2006年底，以经济技术开发区和高新技术产业开发区为主体的开发区从原有的6866个减少至1568个，其中国家级开发区222个，省级开发区1346个。近十年来，开发区的数量增长趋势放缓，但随着各种新功能试验区试点的启动，开发区的类型逐渐增多，如省级政府批准设立的工业园区、产业园区、产业集聚区、工业集中区、高技术产业示范区、出口加工区、物流园区等。截至2014年底，国家级开发区共有486个，其中经济技术开发区215个、高新技术产业开发区114个、各类保税区81个、出口加工区63个、旅游度假区13个。由于类型范围和统计口径等原因，目前尚无省级开发区的准确数量。按照全国市县两级政府辖区内均有省级开发区的推算，省级开发区的保有量在3000个左右。

目前，开发区的管理体制主要有三种类型：

第一种是准政府的管委会体制。这类开发区管委会是辖区政府的派出机构,其主要职能是经济开发的规划和管理,为入区企业提供服务,具有经济管理权限及相应的行政权力,还拥有一定的行政审批权。大部分开发区在建设初期都采取这种模式,国家级开发区也较多实行这种管理体制。其主要特点是管委会代表政府对开发区内的发展规划、投资建设、招商引资等进行管理,其内设机构较精干,运行效率较高。

第二种是开发区管委会与行政区政府合一的管理体制。开发区管委会与所在行政区政府有机结合,以管理为主,兼顾行政区管理,实行"一套机构两块牌子"的运行机制。其内设机构基本保持开发区管委会的架构,适当保留行政区政府必要的机构和职能。实行这种管理体制的开发区,其地域分布一般是覆盖整个行政区的,或开发区就是原行政区的一个组成部分。近些年来,我国各地均有开发区采用此模式,以东部发达地区居多。这种模式的主要特点是整合开发区和所在行政区政府的行政管理、社会管理、公共服务等职能,使开发区管委会能够充分行使其职权,在处理开发区内经济发展事务的同时,还有权处理区域内的社会事务,在一定程度上扩大了管委会的权限范围。同时,由于开发区拥有较为独立的行政地位和职权,管委会可以根据该地区的特点,因地制宜地开展区域内有关经济社会的创新和改革。

第三种是以企业为主体的管理体制。在这种管理体制中,开发主体不是一级行政组织或政府派出机构,而是企业化的开发运营管理公司,由地方政府授权,实行市场化运作,对开发区内的规划、投资建设和招商引资等事项进行管理。这种管理体制的功能比较单一,主要是以经济效益为导向,弱化了行政管理职能。以企业为主体的管理体制的最大优势在于直接面对国内外市场,并以市场为导向,可以较为灵活地调整开发区的战略战术,特别是可以企业法人身份,通过上市融资来进行资本运作,能有效地解决开发区建设中的资金短缺等问题。其最大的不足是与政府部门协调不畅,缺少政府的支持,管理力度弱,社会认可度较低。一些规模较小、产业单一的工业园区采用此模式。

二、开发区管理体制存在的突出问题

改革开放40多年来,我国开发区在管理体制和运行机制等方面不断探索创新,有力地保障了开发区的建设发展。但是,随着改革的不断深入,一些深层次的矛盾和问题逐步显现出来。

（一）开发区的功能定位有偏移

现有开发区的功能定位大都是作为区域经济发展的先导区和示范区，利用当地资源优势和区域优惠政策，高效引进外资、吸引先进技术，以区内经济带动区外经济的发展。大多数开发区采用"准政府"的管理体制，这使得开发区不仅不能像一级政府那样将管理服务全覆盖，还要接受各方面的考核，其开发功能、经济功能和创新功能被淹没在繁杂的行政和社会事务中，削弱了招商引资和创新发展的能力；加之，随着开发区建设规模的扩大，其承担的管理服务职能逐渐拓展，而随着国家宏观政策的不断调控，开发区以前享有的一些特殊政策和经济管理权限被削弱。开发区逐渐趋同于普通行政区，造成开发区功能定位的偏移。当前，开发区面临着转变经济发展方式、优化调整产业结构、促进产业升级发展、打造城市经济核心区的良好机遇和重大挑战。要应对这种机遇和挑战，就需要在新形势下明确开发区的功能定位，以适应开发区转型升级成为"区域经济引擎"和"城市化加速器"的目标要求。

（二）开发区管委会的主体地位不明确

开发区管委会作为政府派出机构，其主体地位在目前的地方政府组织法中没有明确界定，相关规定散见于地方出台的各《管理条例》以及中央有关部门规章之中，如江苏省政府出台的《江苏省经济技术管理条例》等。但这些地方性法规和部门规章只是明确了开发区管委会的一些行政管理权限，并没有从法律上确立开发区的功能定位、管理模式、组织原则和组织形式等。开发区的法律地位不明确，导致其制定的地方性法规与现行法律法规相冲突，难以执行。另外，管委会的性质没有明确的立法界定，其行政主体地位一直备受质疑，给管委会依法管理开发区事务带来了障碍。当前，全面深化改革和推进治理能力现代化，要求开发区与区域社会形成良性互动关系，构建开放型经济新体制，建立法治政府和服务型政府，势必要求开发区管委会的主体地位要以法律的形式予以明确。开发区管委会若继续作为政府派出机构，则需要建立一套关于开发区的法律法规体系或对现行的法律法规进行修订。从国家层面来看，为属于地方政府管理的功能试验区制定或修订法律法规的难度很大；若是通过改革融入所在行政区政府，则按照现行法律法规管理是没有问题的。开发区管委会何去何从的问题涉及多个方面，是一个关系到理顺开发区与政府、企业、社会之间的关系，以及实现依法治国，推进行政体制改革的重要问题。

（三）开发区管委会的职责权限不明晰

由于开发区在国家法律层面上没有明确的法律地位，其管委会所拥有的审批权等各项权限是由地方政府自行规定的。有立法权限的地方通过地方性法规或者政府规章的形式对管委会进行授权或者委托；没有立法权限的地方通过行政规范性文件进行委托。由于这些委托本身就存在法律依据不足的问题，因此造成管委会与上级政府和工作部门之间的管理权限划分不清楚、关系不顺畅。由于权限划分不清，导致一些开发区与上级政府工作部门出现责任关系不明确和权限交叉过多等问题。在这种情况下，管委会和政府工作部门对一些责任大、难协调的工作，往往会互相推诿，导致工作效率低下。还有一些地方政府对管委会的权限、职能进行随意调整，权力收放没有合理、合法的依据。有的地方政府虽然对管委会的管理权限范围进行了界定，但仍存在授权不到位或无法落实的问题，一些可下放给开发区的权限，如产业规划、土地征用、资金融通、行政执法等，受制于部门政策的制约，无法真正落实，影响了开发区职能权限的有效发挥。

（四）开发区的管理方式不适应建设发展的需要

随着开发区的不断发展壮大和经济效益带来的人口集聚等，开发区已不再是一个单纯的经济功能区，而日益成为一个综合性的行政区域，并涉及越来越大的行政管理范围以及越来越多的公共管理领域。开发区的主要职能定位也不仅限于土地开发、招商引资、企业服务等传统的经济工作方面，而是逐步拓展到劳动就业、民政福利、公共环境、社会治安等社会性工作。对此，一方面，上级政府只关注开发区经济指标的管理方式已不能适应现状；另一方面，开发区自身单纯管理经济开发工作的方式也不能满足社会管理等职能增多的实际情况。一些经济发达地区的开发区，在完成了设立初期规划区域内的开发建设任务后，为了延续优惠政策，维持经济快速增长的势头，缓解开发区土地资源紧缺矛盾，开始对开发区进行扩容，增加区划面积，使开发区管委会面对更多的管理服务对象和具体事务，由于管理方式落后等原因，造成开发区管委会"小马拉大车"的尴尬局面。

（五）开发区管委会的机构编制管理不规范

开发区管委会的机构设置和编制配备与政府和机关单位不同，我国历次政府机构改革和事业单位改革，基本上未涉及开发区，其在机构编制管理上存在的问题非常复杂。由于没有法律法规和规章制度规范，一些开发区管委会在机构规格、内设机构、编制核定等方面的合法性不足，管理上缺乏具有规范性的依据。各地开发区管委会规格不一，机构编制核定亦有差别，有的使用行政编制，有的使用事业编制，部分开发区还存在行政编制和事业编制混用的现象。一些大的开发区，由于需要承担行政执法、社会管理和公共服务等职责，在控制行政编制总量的情况下，加大了事业编制核定数量或者大量聘用编外人员；有的开发区编外人数超过在编人数，存在混编、混岗和人员素质参差不齐的问题。这些都加大了内部管理的负荷，在一定程度上给开发区的管理带来了负面影响。另外，随着开发区规模的扩大和各种新型功能试验区的建立，开发区增加机构编制的需求越来越大。

三、管理体制改革趋势分析

（一）改革趋势

我国开发区具有优良的投资环境、较高的土地集约程度、开放的经济体系、集中的现代制造业和高新技术产业、突出的产业集聚效应等优势，持续发展的动力强劲。当前，在国家各项政策措施的激励下，开发区已经跨入"二次创业"的发展阶段，总体目标是加快发展先进制造业和现代服务业，聚集高端技术产业和战略性新兴产业，向城市次中心、现代化新城区发展，全力打造经济社会发展的新平台。面对新的形势和任务，作为保障改革顺利进行的管理体制，其改革事关重大、势在必行。

中国共产党第十八届中央委员会第五次全体会议提出："改革是发展的强大动力。必须按照完善和发展中国特色社会主义制度、推进国家治理体系和治理能力现代化的总目标，健全使市场在资源配置中起决定作用和更好发挥政府作用的制度体系，以经济体制改革为重点，加快完善各方面体制机制，破除一切不利于科学发展的体制机制障碍，为发展提供持续动力。"按照这一总体要求和行政体制改革的相关要求，结合开发区发展改革需求，今后一段时期，我国管理体制改革的重点是以提升开发区治理能力为目标，进一步理顺开发区与市场、社会、政府之间的关系，建立符合简政放权、转变职能、提供服务要求的组织架构，形成功能完善、分工合理、权责一致、运转高效、法治保障的机构职能体系。

从我国开发区的未来发展趋势看，随着改革的不断深入，开发区的功能定位将由目前的区域经济发展先导区、示范区，逐步转变为高端技术产业和战略性新兴产业集聚区，成为区域经济发展的核心区，进而再逐步成为城市次中心和现代化城市新区；随着开发区功能定位的转变，管理机构的主体地位将由目前的政府派出机构的管委会，逐步明确为与行政区政府融合或合署办公的管理机构，进而再逐步明确为行政区政府或新区政府；开发区管委会融入政府后，开发区的招商引资、开发建设、运营管理等职能可由市场化的开发经营公司承担；随着管理机构主体地位的变化，开发区管委会的职责权限将由单纯的功能区经济开发建设管理逐步明晰为区域经济管理、行政管理和社会事务管理，进而再逐步明晰为城市行政区全方位管理；随着管理体制改革的深入，开发区的管理方式将由简单、粗放型向和谐、高效型转变，其机构编制管理也将逐步实现科学化、规范化、制度化。

（二）对分类改革模式的考虑

我国开发区类型多、数量大、情况复杂、发展不平衡，又长期积累了管理体制问题，这些问题很难通过改革一次性解决，需要坚持问题导向原则，区别不同情况，分类进行改革。

第一类改革模式为：开发区规模较小，管委会主要承担规划建设、招商引资等经济管理职能，功能比较单一；其改革的重点是完善管委会的功能和组织架构，理顺管委会与区域政府工作部门之间的职责关系。管委会仍作为区域政府的派出机构。

第二类改革模式为：开发区面积扩大、人口增多、产业升级，管委会所承担的经济管理、行政管理和社会管理职能增加，公共服务需求增大；其改革的重点是将管委会与所在行政区政府进行融合，逐步形成二合一或合署办公的组织架构；其内设机构以精干高效、具有现代管理理念的机构设置为蓝本。

第三类改革模式为：开发区规模较大，规格较高，属于城市经济发展核心区，管委会承担行政区政府的所有职能。鉴于产业升级、市场拓展和社会事务增多等情况，其改革的重点是通过调整行政区划，将开发区或与其他功能试验区组合，并入调整后的行政区政府，按照"精简、统一、效能"的原则，以开发区管委会精干、高效的内设机构和人员编制为主体，组建城市新区政府，新区内设有一个或多个产业集群功能区（一区多园）。取消原开发区和其他功能试验区的管委会，由投资（控股）方组建或委托若干个实行市场化运作的经营开发公司，承担开发区和其他功能试验区的经济开发运营职责，其他行政管理职能和社会事务全部由新区政府承担。

以上三种改革模式具有递进关系，基本涵盖了我国开发区的主要类型和管理体制改革的成功经验，具有一定的针对性和可操作性，符合改革精神，可视为今后一段时期内我国管理体制改革的一种趋势。

第四节 企业经济管理体制

在我国国民经济不断发展的环境下，市场环境中企业的竞争程度日趋激烈，企业要实现可持续发展，就要持续增强自身实力，在日常经营管理的过程中，充分发挥企业经济管理体制的作用，全方位、多角度、多元化地认识企业经济管理及其体制的重要性，以便对企业经济管理体制进行改革创新，保证企业经济管理工作可以正常、健康地开展。

一、企业经济管理体制创新改革的意义

在市场环境下，企业经济管理体制创新改革对于企业日后的发展趋势与方向有着关键的意义，基本体现为以下几方面：

第一，企业经济管理体制创新是企业盈利的基础（要素之一）。在企业的经营发展过程中，企业的正常经营管理是实施一切经济活动的基础，只有在拥有高效的经济管理体制，经济管理力度得到提升，企业的经济管理活动被高效贯彻落实的情况下，才能够充分保证企业其他运作过程的正常开展；才能提升员工工作的积极性，进而运用最低的成本帮助企业获得最高的经济效益。因此，实行企业经济管理体制创新对于提升企业经济效益有着重大的作用。

第二，企业经济管理体制创新可以提升企业的市场竞争力。在市场竞争日益激烈的环境下，企业想要获得一席之地就需要拥有竞争力。而企业要切实提升竞争力，就应该从根源上提升企业的综合能力。然而，只有合理的企业经济管理体制才能够精确、完整地体现企业的运营状态，发现企业在经营过程中的缺陷，进而根据不同情况采取应对措施，避免企业决策失误，提升企业的综合能力，增强企业在市场经济环境中的竞争力。

第三，企业经济管理体制创新有利于提升企业资金使用率。在企业经营发展过程中，资金是不可或缺的基础，企业要获得经济效益，就需要对资源的来源与动向进行监督管理，以便高效地分配资金。高效的企业经济管理体制可以合理分配企业各项运作活动所使用的资金，规范化管理企业资金。

第四，企业经济管理体制创新有助于监控企业的经营状态。在经营过程中，企业的各个部门提供的财务数据是反映部门运行状态的真实数据，只有在企业拥有高

效经济管理体制的情况下，才可以准确地对企业财务数据进行管理与分析，进而得知企业的真实运营状态，并且得知企业决策在执行过程中存在的问题与缺陷，以便第一时间对政策进行调整。

二、企业经济管理体制的创新改革实践

（一）关注企业经济管理思维创新

传统的经济管理思维是阻碍企业经济管理体制创新改革的关键因素之一。所以，要开展企业经济管理体制创新改革就需要更新企业的经济管理思维，摒弃企业传统的经济管理思维，建立不同的经济管理战略。全面考察目前市场经济环境下同行业企业的生存状态与运行情况，根据企业自身的实际状态来形成全新的经济管理思维。另外，企业管理者还需要在企业经济管理思维中融入创新意识与改革思维，积极鼓励员工进行创新改革，表扬勇于创新的员工，鼓励员工结合企业状态与自身水平和认知进行创新，让企业能够始终处于创新改革的环境中。

（二）重视企业人力资源管理创新

企业在开展经济管理过程中，人力资源是其中不可或缺的关键内容。因此，企业要实施经济管理体制改革创新，就要重视企业人力资源管理工作的创新。第一，要更新人才管理理念。正确认识到人才对于企业的重要性，摒弃看资历、看文凭的传统人力资源管理观念，让企业中有能力的员工能够脱颖而出，充分发挥自身优势，做到人尽其用。始终秉持以人为本的管理理念，提升员工对企业的归属感，提升人力资源管理效率。第二，要更新人力资源管理制度。员工在企业正常运营的过程中有着至关重要的基础作用，因此，在企业经济管理体制创新改革实践中，要重视人力资源管理制度的创新，以制度规范员工在企业中的工作态度与行为，建立合理的奖惩机制、绩效制度等，以激发员工的工作积极性；定期组织员工参加专业知识培训或讲座，以提升员工的专业水平与创新能力。

（三）强化企业经济管理战略创新

在企业的经济管理体制中，经济管理战略是密切关系到企业日后发展前景的重要内容。要强化企业经济管理战略创新，就需要重视企业运营的经济效益，始终关注企业在市场经济环境中的机遇与挑战，利用市场经济环境形势抓住提升企业核心竞争力的机遇。全面考察市场环境，针对企业自身的状态制定科学、合理的企业战略，并且明确企业自身的核心竞争力。在市场环境中，当企业的核心竞争力面临威胁时，

则要强化企业经济管理战略的创新，优化企业管理层次，以提升企业的经济管理质效，实现企业未来的健康、长久发展。

（四）开展企业经济管理监督管理制度创新

企业经济管理监督管理制度是保证企业经济管理工作能够落到实处的重要内容。企业经济管理的创新需要以监督管理制度的健全和创新为基础。在企业经济管理监督管理制度创新过程中，需要根据市场环境的变化来制定相关的控制管理监督条例，以保证企业的管理层、员工都可以严格按照监督管理制度来开展工作，保证企业日常运作可以规范化进行。针对企业各个部门的运行状态建立相关的内部控制管理制度，以优化完善经济管理监控体系，保证监督管理制度能够落实到企业日常运行管理的每一处。

在市场竞争日趋激烈的现代社会中，企业应该高度重视经济管理体制的重要性，从更新企业经济管理理念、重视企业人力资源管理创新、强化企业经济管理战略创新，以及健全企业经济管理监督管理制度等方面做起，根据市场环境与企业自身特征，摸索适合自身情况的经济管理体制，以实现企业的可持续健康发展。

第三章　现代企业管理

第一节　现代企业的特征和责任

所谓企业，是指为满足社会需要来组织和安排某种商品（包括物质产品或非物质产品）的生产、流通和服务活动，实行自主经营、自负盈亏、独立核算，并具有法人资格的基本经济单位。现代企业具有下列特征：是一个从事生产经营活动的经济组织；是一个社会性组织；是独立法人；必须自主经营和自负盈亏。

企业的责任主要包括：企业对国家的责任，如服从国家的宏观调控；依法向国家交纳各项税金、费用；有效地利用国家授予其经营管理的资产，保证资产保值增值。企业对用户的责任，如为用户提供适销对路、物美价廉的商品和劳务，做好各种售前、售中和售后的服务工作。企业对自身发展的责任，如企业必须自负盈亏、自我积累、自我发展；保障职工的利益。企业对社会的责任，如必须从遵纪守法、诚信、环境保护、提供就业机会、职工思想教育等方面为社会进步做出更多的贡献等。

一、现代企业制度的特征

第一，产权清晰。产权清晰包括两个方面：一是产权在法律上的清晰，二是产权在经济上的清晰。产权在法律上的清晰是指有具体的部门和机构代表国家对国有资产行使占有、使用、处置和收益等权利，以及国有资产的边界要清晰。产权在经济上的清晰是指产权在现实的经济运行过程中是清晰的，它包括产权的最终所有者对产权具有极强的约束力，以及企业在运行过程中要真正实现自身权责的内在统一。

第二，权责明确。权责明确是指合理区分和确定企业所有者、经营者和劳动者各自的权利和责任。所有者按其出资额，享受资产收益，享有重大决策和选择管理者的权利，对企业债务承担相应的有限责任；公司在其存续期间，对由各个投资者投资形成的企业法人财产拥有占有、使用、处置和收益的权利，并以全部法人财产对其债务承担责任;经营者受所有者的委托,享有在一定时期和范围内经营企业资产及其他生产要素并获取相应收益的权利;劳动者按照与企业的合约,拥有就业和获取相应收益的权利。

第三,政企分开。政企分开,一方面要求政府将原来与政府职能合一的企业经营职能还给企业;另一方面要求企业将原来承担的社会职能(如住房、医疗、养老、社区服务等)进行分离后,交还给政府和社会。政企分开的基本含义是实现所谓的"三分开"。一是实现政资分开,即政府的行政管理职能与国有资产的所有权职能的分离;二是在政府所有权职能中,实现国有资产的管理职能同国有资产的营运职能的分离;三是在资本营运职能中,实现资本金的经营同财产经营的分离。

第四,管理科学。管理科学是一个含义宽泛的概念。从较宽泛的意义上来说,它包括企业组织合理化的含义,如"横向一体化""纵向一体化"、公司结构的各种形态等。一般来说,规模较大、技术和知识含量较高的企业,其组织形态趋于复杂。从较细致的意义上来说,管理科学要求企业管理的各个方面,如质量管理、生产管理、供应管理、销售管理、研究开发管理、人事管理等都保持科学化。

二、现代企业制度的内容

企业制度是指以产权制度为基础和核心的企业组织和管理制度。构成企业制度的基本内容有三个:一是企业的产权制度,是界定和保护参与企业的个人和经济组织的财产权利的法律和规则;二是企业的组织制度,即企业组织形式的制度安排,规定了企业内部的分工协调和权责分配的关系;三是企业的管理制度,是指企业在管理思想、管理组织、管理人才、管理方法、管理手段等方面的安排,是企业管理工作的依据。其中,产权制度是决定企业组织制度和管理制度的基础,组织制度和管理制度在一定程度上反映着企业财产权利的安排,三者共同构成了企业制度。

现代企业制度的特征是产权清晰、权责明确、政企分开和管理科学。产权清晰是法人制度所要解决的问题;权责明确是组织制度所要解决的问题;管理科学是管理制度所要解决的问题;而政企分开则是这三方面的基础和前提,体现在现代企业制度的各个环节上。因此,现代企业制度是一个统一的整体,其组成部分相互联系、缺一不可。

第二节 企业制度

现代企业制度最早产生于资本主义发展较早的西方国家，是实行市场经济体制的国家在古典企业制度的基础上，经过近百年的发展而建立起来的，是一种适应社会化大生产和市场经济体制、使企业真正成为面向市场的独立法人实体和市场竞争主体的企业制度。

一、企业制度的一般形式

企业制度是企业的产权形式、组织形式、经营形式、管理体系、分配制度等方面的统称，主要是规范企业的所有者、经营管理者和劳动者之间的经济关系，确定企业正常运行的基本规则。企业制度的基本内容主要包括企业产权制度、企业组织制度和企业管理制度。

从企业资产的所有者形式来看，企业制度可以分为个人业主制、合伙制、合作制、股份合作制、公司制等类型，它们各有特点。下面介绍公司制企业：

公司制企业是由两个以上的投资者，按照一定的法律程序组建的、以盈利为目的的经济组织，是独立的经济法人。公司制企业的主要形式是有限责任公司和股份有限公司。

有限责任公司是指由两个以上股东共同出资、不对外公开发行股票，每个股东以其出资额对公司行为承担有限责任，以其全部资产对其债务承担责任的公司。

股份有限公司是指将全部资本划分为若干等额的股份，股东以其认购的股份对公司负有限责任，股票可以向社会公开发行和自由转让的公司。股份有限公司全部由有限责任股东组成，股东除投入公司之外的个人财产与公司的财产是分离的，股东对公司债务不负直接责任。公司以公司的全部资产对公司债务负责，股东只以其出资额为限负有限责任，公司债权人只能对公司的资产提出偿债要求而无权直接向股东起诉。股份有限公司的股票可以依法公开发行，自由转让，既可以集中社会上的各类资金，又有利于资本流动，刺激公众的投资行为，保持对手的竞争压力，促进公司经营效率的提高。为了保障股东和债权人的利益，股份有限公司的账目必须公开。在每个财政年度终了时，股份有限公司要公布每年的年度报告和资产负债表、公司损益表、财务变动表等，供股东和债权人查询。

二、现代企业制度

现代企业制度是适应市场经济发展、符合现代生产力要求、依法规范的企业制度。公司制是现代企业制度的典型形式。现代企业制度的主要内容包括：现代企业产权制度、现代企业组织制度和现代企业管理制度。

现代企业产权制度是在一定所有制基础上，以产权为依托，对财产关系进行合理有效组合和调节的法律制度体系，其基本要求是归属清晰、权责明确、保护严格、流转顺畅。它明确界定：公司拥有法人财产；公司财产权能实现以公司法人为中介的所有权和经营权的两次分离；法人治理结构为所管理公司的组织结构。

现代企业组织制度规定了企业的组织指挥系统、各部门、各工作人员的分工协调关系及各自的职责，是企业组织的基本规范。公司领导体制的核心是法人治理结构，是现代企业组织制度中最重要的组成部分。

法人治理结构是由股东大会、董事会、执行机构和监事会组成的、相互联系又相互制衡的组织机构。出资者组成公司的最高权力机构，即股东大会，拥有对企业的最终控制权。董事会是由股东大会选举产生的董事所组成的公司常设决策机构，是法人财产的代表，要维护出资人的权益，对股东大会负责。根据有关规定，上市公司董事会中还至少应包括1/3的独立董事，以促使董事会更有效、科学地履行职责。董事会挑选聘用的高级经理人员组成执行机构，在董事会授权的范围内经营企业，董事会对执行机构的业绩进行考核和评价。监事会是由股东大会选举产生的、由股东代表和一定比例职工代表组成的监察机构，对董事会和经理执行机构的工作进行监察和监督。公司法人治理结构体现原始所有权、法人财产权和经营权相互分离又相互联系的关系，形成权力机构、决策机构、监督机构和经营管理者之间各负其责、协调运转、有效制衡的机制。

现代企业管理制度是对企业管理活动的制度安排，包括企业的经营目的和理念、企业的目标和战略、企业管理组织的各个部门、市场营销、研究开发、生产管理、财务管理、人事管理等具体职能领域的制度规范，是现代企业发展的重要保证。

三、深化企业改革

为适应从计划经济体制向市场经济体制的转变，我国要大力推进企业的体制、技术和管理创新，企业在基本制度、组织形式、经营思想、管理方式等方面都要进行改革。在社会主义市场经济条件下,企业是市场的基本经济单元和竞争主体,确立企业的主体地位是构建社会主义市场经济体制的根本问题。所以,在构建市场经济体制基本框架的同时,必须重塑市场经济体制的微观基础,即建立与市场经济体制相适应的现代企业制度。要进一步探索公有制特别是国有制的多种有效实现形式,除极少数必须由国家独资经营的企业外,要积极推进股份制,发展混合所有制经济,实现投资主体多元化。企业要克服旧体制的影响和现实困难,真正转换经营机制,逐步形成企业优胜劣汰,经营者能上能下,人员能进能出,收入能增能减等机制。构建激励与约束相结合,技术不断创新,国有资产保值、增值等机制。建立现代企业制度是发展社会化大生产和市场经济的必然要求,是公有制与市场经济相结合的有效途径,是国有企业改革的方向。按照现代企业制度的要求,国有大中型企业继续实行规范的公司制改革,完善法人治理结构。要把改革同改组、改造、加强管理结合起来,改善企业的经营状况,提高企业的竞争力,使企业成为真正的市场经营主体。要发展具有国际竞争力的大公司、大企业集团,进一步放开、搞活中小企业。

加强企业管理是社会化大生产的客观要求,是企业进行生产和经营活动的必要条件,是提高经济效益的根本保证,是促进科学技术发展的重要手段。在深化企业改革的过程中,加强企业管理具有更为重要的意义。企业改革为加强管理提供了前提和基础,加强管理巩固了改革成果,推进了改革的发展,二者相辅相成,不能互相替代。相关人员要高度重视和切实加强企业管理工作,从严管理企业,实现管理创新。

市场的变化和科学技术的迅速发展,促使企业管理不断地创新,也必然推动企业管理实践和理论的发展变化。各国经济制度的不同使各国企业管理的性质存在着差异;各国现代化程度的高低区别,意味着各国企业管理发展的水平不可能整齐划一。但作为企业管理发展的潮流,现代化的趋势却是一致的,主要体现在企业创新管理越来越受到重视;企业管理"软性"化和知识化;企业战略管理谋求全球化合作;走向开放式面对面的感情管理等。近年来,发达国家的现代企业管理提出了"三个中心"和两个基本方向的理论:"三个中心"即以市场为中心的明确的目标和策略,以人为中心的价值观和企业文化,以效率和效益为中心的一整套随情况而变化的制度和措施;"两个基本方向"即开放与合作,从而对现代企业的管理发展趋势进行了新的概括和描述。随着管理实践的发展,现代企业管理理论也将不断创新。

四、现代企业制度的含义

现代企业制度是指以公司制度为主要表现形式，体现企业是法人实体和市场竞争主体要求的企业体制，是适应社会化大生产和市场经济要求的产权明晰、责权明确、政企分开、管理科学的企业制度。

公司制企业作为现代企业制度的主要表现形式，既是市场经济发展的必然结果，也是生产社会化的必然产物。

现代企业制度一般包括三个方面的内容：

第一，现代企业法人制度。现代企业法人制度主要体现为公司的产权制度，其核心是要理顺和完善企业的产权关系。根据企业法人财产权理论，公司企业对企业财产（动产、不动产和流动资金）所享有的权利，应为法人财产权；出资者对企业的权利为股东权。企业拥有法人财产权，表现为企业依法拥有法人财产的占有、使用、收益和处置权，是自主经营、自负盈亏的独立法人实体，企业对包括国家在内的出资者投资形成的全部法人财产依法享有民事权利，承担民事责任，并对出资者承担资产保值、增值的责任；出资者按投入企业的资本额度依法享有所有权的权益，承担有限责任。

第二，现代企业的组织制度。现代企业的组织形式，是指有限责任公司、股份有限公司和国有独资公司。现代企业的组织体制，指股东代表大会、董事会、经理人和监事会共同组成的法人治理结构。股东大会是公司的最高权力机构；董事会是公司的经营决策机构；公司总经理负责公司的日常经营管理活动，对公司的生产经营活动进行全面领导；监事会是公司的监督机构；另外还有企业党组织和工会。

第三，现代企业管理制度。现代企业制度的运作和完善需要有科学的管理制度作为保障，加强企业管理是我国企业面临的迫切与长期的重要任务。科学的管理制度重点体现在，建立和完善企业的组织运营系统；建立科学的劳动用工制度和灵活有效的激励机制；制定现代企业财务会计制度；坚持以人为本的企业管理，树立优秀的企业文化和团队精神，加强对人力资源的开发和管理等。

第三节 企业发展战略

企业发展战略是企业根据其内外环境的要求，对企业的长期发展目标及达到目标的途径和手段所做的总体谋划。制定企业发展战略是为了保证企业长期稳定地发展，在符合和保证实现企业使命的条件下，在充分利用各种机会并创造新机会的基础上，确定企业同环境的关系，规定企业的经营范围、成长方向和竞争对策，以合理配置企业的全部资源。企业发展战略具有长远性、全局性、竞争性、纲领性等特点，同企业经营策略、企业计划既有联系又有区别。企业发展战略研究是关系企业根本性问题的重大决策，而企业经营策略是服从于、服务于战略的具体筹划；企业发展战略规定了计划的基本方向和主要要求，企业计划必须体现既定的战略，是战略的展开和细化，使企业发展战略成为可能被实施的具体行动方案。企业发展战略包括市场开拓与经营、人才开发、产品开发、技术进步与技术创新、企业文化建设等许多方面。按照企业发展方向的不同，企业发展战略有单一经营战略、纵向一体化战略、多样化战略、集团化战略、外向化战略等多种类型。

一、战略简介

"战略"这个概念，最初只存在于军事领域。战争讲究谋略，谋略有大有小，从全局进行谋略叫"战略"，为实现某一局部目标的方略叫"战术"。战略与战术的具体区别是，战略针对全局问题，战术针对局部问题；战略针对长期问题，战术针对短期问题；战略针对基本问题，战术针对具体问题。

《辞海》中对"战略"的解释为：对战争全局的筹划和指挥。它是依据敌我双方的军事、政治、经济、地理等因素，照顾战争的各个方面，规定军事力量的准备和运用。

美国陆军军事学院主编的《军事战略》中对"战略"的解释为：战略＝目的（追求的目标）＋途径（行动方案）＋手段（实现目标的方法和工具）。

二、企业战略与企业的作用

企业战略虽然有多种，但基本属性是相同的，都是关于企业的谋略，都是关于企业整体性、长期性、基本性问题的计谋。例如，企业竞争战略是关于企业竞争的谋略，是关于企业竞争整体性、长期性、基本性问题的计谋；企业营销战略是关于企业营销的谋略，是关于企业营销整体性、长期性、基本性问题的计谋；企业技术开发战略是关于企业技术开发的谋略，是关于企业技术开发整体性、长期性、基本性问题的计谋；企业人才战略是关于企业人才开发的谋略，是关于企业人才开发整体性、长期性、基本性问题的计谋。各种企业战略有同也有异,相同的是基本属性,不同的是谋划问题的层次与角度。总之,无论哪个方面的计谋,只要涉及企业的整体性、长期性、基本性问题,就属于企业战略的范畴。

需要指出的是,最初人们所讲的"企业战略",主要指的是竞争战略。1971年美国竞争战略之父迈克尔·波特发表《竞争战略》之后,更强化了人们的这种认识。在波特的著作中,是把企业战略当作竞争战略的同义语来使用的。他说的企业战略都是指竞争战略。军队从事战争,企业从事竞争。竞争与战争虽然本质不同,但都有一个"争"字,企业竞争也是很残酷的,失败了就要"死亡"。既然要参与竞争,那么当然就要讲究竞争战略,不能只是一味地拼人力、拼财力、拼物力。竞争战略虽然非常重要,但毕竟不能代替企业战略。企业为了生存与发展,不能只谋划竞争,而应该同时谋划许多方面。千万不要在竞争战略与企业战略之间画等号,竞争战略只是企业战略的一部分。如果读了迈克尔·波特的《竞争战略》,就认为企业中只存在竞争战略,那就是"只见树木,不见森林",与盲人摸象差不多了。把竞争战略等同于企业战略的大有人在,他们的这种认识是片面认识,而这种片面认识是妨碍企业战略管理的。

三、企业发展战略的本质

在了解了战略本质与企业战略本质的基础上,就容易理解企业发展战略的本质了。究竟什么是企业发展战略呢?企业发展战略是企业战略的一种,是关于企业发展的谋略,是关于企业发展中整体性、长期性、基本性问题的计谋。

企业发展战略的本质特征是发展性,是着眼于企业发展的。虽然有些企业战略也是为企业发展服务的,如企业竞争战略与营销战略,但是它们的着眼点与发展战略是不同的,竞争战略着眼于竞争,营销战略着眼于营销。

顺便指出,不少企业战略教材都把竞争性说成是企业战略的一个特征。笔者认为这是不对的。竞争性只是企业竞争战略的特征,并且是它的本质特征,不能由此认为企业的任何战略都具有竞争性这个特征。不同的企业战略具有不同的本质特征。企业人才战略着重解决的是人才问题,企业文化战略着重解决的是文化问题,企业信息化战略着重解决的是信息化问题。这些企业战略虽然都为企业竞争服务,但绝对不会像竞争战略一样重点谋划竞争问题,绝对不会搞什么五种竞争力分析,也绝对不会运用三大竞争战略。把竞争性看作所有企业战略的一个共同特征,与人们长期在竞争战略与企业战略之间画等号的观念有着密切关系。前面已经说过，竞争战略与企业战略之间是不能画等号的，因为竞争战略只是企业战略中的一种战略。企业除了竞争战略还有其他战略，其中包括发展战略。

由于企业发展战略是企业各种战略的综合体，所以，企业发展战略的整体性更加突出。也就是说，企业发展战略比其他企业战略针对的问题更加全面。从某种意义上说，企业发展战略是其他企业战略的上位概念，是统率其他企业战略的总战略。用企业发展战略指导其他企业战略，用其他企业战略落实企业发展战略，是企业的成功之道。

加强企业发展战略研究，在任何企业中都是主要领导者的责任。如果说企业的各个分管领导可以在一定程度上主持其他企业战略的研究工作，如技术总监可以在一定程度上主持技术开发战略的研究工作，营销总监可以一定程度上主持营销战略的研究工作，但只有主要领导才能主持企业发展战略的研究工作。

四、相关书籍

1965年，美国专家波特发表了《企业战略论》。从此以后，"战略"这个概念就进入了企业领域。企业既然要参与竞争，就要在竞争中讲究谋略。企业谋略也有大小之分，大谋略是战略，小谋略是战术。虽然在企业领域很少人使用"战术"这个概念，但它是客观存在的。企业谋略不能有大无小，企业的小谋略只能被称为"战术"。"企业战略"是企业中各种战略的总称，其中包括发展战略、竞争战略、营销战略、技术开发战略等。这些战略的基本属性是相同的，都是关于企业整体性、长期性、基本性的谋略，只是在谋划角度上有所不同。

企业发展战略是企业发展相关的谋略。企业的发展是企业成长、壮大的过程，其中既包括量的增加，也包括质的变化。

五、企业谋略

企业发展也需要谋略，关于企业发展整体性、长期性、基本性的谋略就是企业发展战略。企业发展战略有四个特征：一是整体性，二是长期性，三是基本性，四是谋略性。整体性是相对局部性而言的，长期性是相对短期性而言的，基本性是相对具体性而言的，谋略性是相对常规性而言的。企业发展战略必须同时具有这四个特征，缺一不可。企业发展战略不是企业发展的中长期计划，而是企业发展中长期计划的灵魂与纲领。企业发展战略指导企业发展的中长期计划，企业发展的中长期计划落实企业发展战略。

（一）发展战略的意义

企业发展战略的意义是由企业发展战略的本质特征决定的。因为企业发展战略有四个本质特征，所以它的意义也表现在四个方面：

1. 谋划企业的整体发展

企业是一个由若干相互联系、相互作用的局部构成的整体。局部有局部性的问题，整体有整体性的问题，整体性问题不是局部性问题之和，与局部性问题具有本质的区别。企业发展面临很多整体性问题，如对环境重大变化的反映问题，对资源的开发、利用与整合问题，对生产要素和经营活动的平衡问题，对各种基本关系的理顺问题。谋划好整体性问题是企业发展的重要条件，企业领导者要时刻把握企业的整体发展。

2. 谋划企业的长期发展

企业有寿命，企业的寿命有长有短。投资者、经营者应该树立"长寿企业"意识。为了使企业"长寿"，不但要重视企业的短期发展问题，还要重视企业的长期发展问题。企业的长期发展问题不是短期发展问题之和，与短期发展问题具有本质的区别。希望"长寿"的企业面临的长期性问题很多，如发展目标问题、发展步骤问题、产品与技术创新问题、品牌与信誉问题、人才开发问题、文化建设问题。想要"长寿"，企业就要关心未来，不但要提前想到未来问题，而且要提前动手解决，因为解决任何问题都需要一个过程。要正确处理短期利益与长期利益的关系，就如同到了夏季，农民不但要忙于夏收，也要忙于夏耕和夏种一样。预测未来是困难的，但不是不可能的。谁也想象不到未来的偶然事件，但总可以把握各类事物的发展趋势。人无远虑，必有近忧。领导者不关心企业的未来，就等于拿企业的寿命开玩笑。

3. 对企业发展进行整体性、长期性谋划时，要把握基本性

在一个企业里，领导者要集中精力谋划企业发展的基本性问题。如果企业发展的基本问题解决不好，那么不论怎样鼓励员工努力奋斗，也不会收到成效。领导者要增强基本问题意识，不要只注意把决定的事情办好，也要注意决定本身是否有问题；不要只忙于摆脱困境，还要注重消除困难产生的根源。

4. 在研究企业发展时谋略很重要

企业发展战略不是常规思路，而是新奇办法。企业发展战略应该使企业少投入、多产出，少挫折、快发展。谋略是智慧的结晶，而不是经验照搬和理论堆砌。智慧

之中包含知识，但知识本身并不是智慧，智慧与知识具有本质的区别。许多军事家都掌握了"空城计"的知识，但没有诸葛亮那样的智慧。先知为智，智慧是对知识的灵活运用，也是对信息的机敏反应。谋划企业发展靠智慧，谋划企业的整体性、长期性发展靠大智慧。谋划企业发展，固然要借鉴先进理论和先进经验，但如何借鉴，还要靠智慧。

（二）战略的内容

1. 概述

企业发展战略因时而异、因地而异、因人而异、因事而异，没有固定的内容，也没有固定的模式。一般而言，企业发展战略涉及企业中长期干什么、靠什么和怎么干三个方面的问题。

2. 定位

谋划企业中长期干什么，就是要定好位。企业要发展，定位很重要。定位是为了解决发展的方向、目标问题。企业发展要有正确的方向，要灵活地运用规模化和差别化原则，要坚持专、精、特、新；企业发展要有中长期目标，没有远见、决心、魄力和毅力，就干不成大事业。定位要准确，"定错位，劲儿白费"。定位主要是为了解决核心业务问题，企业也可以开展多项业务，但核心业务不能多；企业可以搞多元化经营，但不可以搞多核心经营。使核心业务带动其他业务，用其他业务促进核心业务，这是先进企业的成功之道。企业不仅要对经营范围进行定位，也要对经营地区等进行定位。定位要有阶段性，不同发展阶段应该有不同的定位。定位的方法很多，定位无定势。定位看起来很简单，实际上很复杂。许多企业认为自己的定位很正确，实际上存在很大问题，而这些问题足以使他们的发展缓慢，甚至失败。

3. 资源

谋划企业中长期靠什么，就是要广开资源。"集四面潜在资源，成八方受益事业"是企业的使命。广开资源是企业发展战略的重要方面，如果做不到广开资源，再好的定位也没用。要树立大资源观，不仅要重视物质资源，也要重视人力资源；不仅要重视体力资源，也要重视智力资源；不仅要重视国内资源，也要重视国外资源；不仅要重视空间资源，也要重视时间资源；不仅要重视现实资源，也要重视潜在资源；不仅要重视直接资源，也要重视间接资源；不仅要重视经济资源，也要重视政治资源；不仅要重视有形资源，也要重视无形资源。广开资源要运用智慧，运用智慧才能够善用资源。

4. 战略措施

谋划企业中长期怎么干，就是要制定好战略措施。战略措施是实现定位的保证，是善用资源的体现，是企业发展战略中关键、生动的部分。从哪里入手、向哪里开刀、先干什么、再干什么、保哪些重点、丢哪些包袱、施什么政策、用什么策略、怎么策划、如何运作等，都是战略措施的重要内容。战略措施是省钱、省力、省时的措施，但是省钱、省力、省时不等于不花钱、不用力、不用时。战略措施要贴近实际、顺应趋势、新颖独特、灵活机动。战略措施要以定性为主，要有可操作性，但这种可操作性不同于战术的可操作性。

（三）战略的制定

制定企业发展战略没有固定顺序。一般而言，它要经过战略调查、战略提出、战略咨询、战略决策四个阶段。

1. 战略调查

战略调查要有宽阔的视野和长远的目光，要善用直觉并灵活思考，要冲破传统观念的束缚，抓住企业发展的深层问题和主要问题。战略调查主要应搞清以下问题：现实市场需求及潜在市场需求，现实竞争对手及潜在竞争对手，现实生产资源及潜在生产资源，现实自身优势及潜在自身优势，现实核心问题及潜在核心问题。战略调查要搞清事物之间的联系，既包括空间联系，也包括时间联系；既包括有形联系，也包括无形联系。

2. 战略提出

在战略调查的基础上，要提出企业发展战略草案。企业发展战略草案不需要很具体、系统、严谨，但要把核心内容阐述得淋漓尽致。提出企业发展战略草案对有关人员来说是一次重大考验，要求提出者富有责任心和事业感，富有新思想和勇气；要求听者虚怀若谷、深思熟虑，不要墨守成规、排新妒异。

3. 战略咨询

为防止战略失误，提高战略水平，企业在提出发展战略草案之后、确定发展战略之前，需要就整个战略或其中部分问题征求社会有关方面的意见，特别是业内人士和战略专家的意见。鉴于企业的能力有限，有些企业会委托咨询机构开发企业发展战略。采取这种方式时，一定要选好咨询机构。选择咨询机构要不唯名、不唯大、只唯能。即使采取了这种方式，在咨询机构提交研究报告之后，除了企业内部要充分讨论外，也要再适当征求外部有关方面的意见。

4. 战略决策

发展战略决策对企业的发展具有里程碑意义。为了企业的整体利益和长远利益，在制定企业发展战略时，要充分发扬民主精神，广泛听取各部门的意见，尤其是不同意见。企业发展战略应该由企业领导集体决策。

六、一般特征

企业战略的一般特征有四个：第一个是整体性。整体性是相对于局部性而言的，任何企业战略谋划的都是整体性问题，而不是局部性问题。第二个是长期性。长期性是相对于短期性而言的，任何企业战略谋划的都是长期性问题，而不是短期性问题。第三个是基本性。基本性是相对于具体性而言的，任何企业战略谋划的都是基本性问题，而不是具体性问题。第四个是计谋性。计谋性是相对于常规性而言的，任何企业战略都是关于企业问题的计谋，而不是常规思路。企业战略必须同时具备上述四个特征，缺一不可。

从前文可知，从内容结构上来看，企业的战略体系可以被划分为公司战略、竞争（业务）战略和职能战略。这种划分同样也反映了战略内容的层次性，战略层次不同，战略内容的注重点和战略类型也不同。

像技术、管理、营销等需要不断创新一样，企业发展战略也需要不断创新。企业发展战略创新就是研究制定新的企业发展战略。企业发展战略应该保持相对稳定的状态，但并不意味着一成不变。

企业发展战略创新是为了应对外部环境和内部条件的重大变化。任何企业发展战略都是针对一定的外部环境与内部条件而制定的。当外部环境或内部条件发生重大变化时，应与时俱进，调整或重新制定发展战略。我们所处的时代是变化速度空前加快的时代，中国的入世又使中国企业融入了变化多端的国际市场，这就使企业发展战略创新显得格外重要。在经营过程中，企业内部发生原来意想不到的重大变化是常有的事，如果发生了这种变化，也要调整或更新原有的发展战略。

企业发展战略创新也是为了提高战略水平。企业各项工作都要达到一定水平，发展战略更是如此。企业的发展战略水平决定企业的各项工作水平。智慧有大小，战略有高低。不同的企业发展战略存在着水平差异，甚至是相当大的水平差异。企业发展战略创新是为了制定更好的企业发展战略。

企业发展战略的创新取决于企业领导观念的转变。企业普遍需要创新发展战略，有的需要重新定位，有的需要重新整合资源，有的需要重新制定战略措施。可是，由于企业领导或多或少地存在旧观念，因此，企业发展战略创新往往提不到议事日程上。要想制定更好的企业发展战略，领导者应该首先改变自己的旧观念。

企业发展战略创新也源于企业领导的动力、魄力和毅力。从某种意义上讲，企业发展战略创新是企业再造工程，是一项具有很大风险、困难和阻力的系统工程。企业领导如果没有坚定的事业心、责任感，没有排除各种困难和阻力的魄力，缺乏必要的毅力，就很难下定这种决心。

七、实施步骤

1. 明确企业的发展状况

首先需要制定战略选择方案。在制定战略的过程中，可供选择的方案当然是越多越好。企业可以从对企业整体目标的保障、对中下层管理人员积极性的发挥，以及企业各部门战略方案的协调等多个角度考虑，选择自上而下的方法、自下而上的方法或上下结合的方法来制定战略方案。

2. 企业要着眼于未来，优化企业战略选择

企业所处的市场及外部环境永远处于不断变化之中，预测、了解这些变化并把握其本质是企业领先于竞争对手的前提。要把握市场需求的变化，了解商场中各种竞争力的变化，清楚自己与竞争对手在什么地方竞争、在哪些方面竞争、自己的优势和不足。此外，要充分放开眼界，从区域市场到全球市场，从行业背景到整个经济发展战略的大背景。以未来为先导，把企业的战略建立在对未来的预测和把握上。

3. 评估战略备选方案

评估备选方案通常使用两个标准：一是考虑选择的战略是否发挥了企业的优势、克服了企业的劣势，是否利用了机会将威胁削弱到最低程度；二是考虑选择的战略能否被企业利益相关者接受。需要指出的是，实际上并不存在最佳的选择标准，管理层和利益相关团体的价值观和期望在很大程度上影响着战略的选择。此外，对战略的评估最终还要落实到战略收益、风险和可行性分析的财务指标上。

4. 选择战略

最终的战略决策，确定准备实施的战略。一般来说，企业要根据企业目标选择战略。企业目标是企业使命的具体体现，因此，要选择对实现企业目标最有利的战略方案，提交上级管理部门审批。对于中下层机构的战略方案，提交上级管理部门能够使最终选择的方案更加符合企业的整体战略目标。

企业发展战略的实施，是企业在经济市场中发展的有效保障。

第四节　企业人力资源开发

人是生产力中最基本、最活跃的因素，人的作用能否得到有效发挥，对劳动效率、经济成果有重大影响。在产品竞争、科技竞争的背后，其实质是企业员工素质的竞争。要在企业管理中坚持以人为本，就必须做好人力资源的开发工作。

一、人力资源开发与管理概述

要做好企业人力资源开发，首先，要吸纳优秀的人才，企业要以良好的事业发展前景、和谐的工作环境和优厚的生活待遇吸引各类人才，以满足企业不断发展的需要；其次，要合理配置人力资源，综合考虑专业、岗位、技能等要求，将合适的人才安排在适当的岗位上，力求人尽其才、才尽其用；再次，要加大对人事、劳动、工资的改革力度，建立科学合理的绩效考核体系，员工收入随职责、贡献不同而变化，引入竞争机制，人力资源合理流动，人员能上能下，能进能出，形成人人精神振奋、干事创业的局面；最后，要坚持员工培训，以终身教育的理念指导培训工作，用多种方式对员工进行思想教育和业务培训，不断更新观念，更新知识，全面提高企业员工的素质。

（一）人力资本与人力资源

人力资本是凝结于劳动者身上的资本，它是一种不同于物质资本的资本形式。人力资本有五种形式：健康保健、由厂商进行的在职培训、正规教育、成人教育，以及适应就业形势变化所引起的流动。资本与投资行为是不可分的。经济行为人要提供劳动，必须有健康的身体，这是人力资本的基础。人们花在饮食、医疗上的费用可被视为一种健康投资。正规教育、成人教育和在职培训，是最常见和最重要的人力资本形式，它们可以影响未来的货币和物质收入。对劳动者而言，花在为寻找工作或更好职位的劳动力流动上的费用，也是一种投资，这也是人力资本的最后一种形式。

人力资源是对能够推动生产力发展，创造社会财富的具有智力劳动和体力劳动能力的人的总称。总的来说，一个企业的人力资源包括企业内的所有人，因此，首先且必要的是对企业人力资源进行分类。

日本将企业人力资源分为五类：企业家，即出色的企业领导者，具有远见卓识，有胆略，有魄力，而非目光短浅、斤斤计较的人；经营管理人员，即一般的管理人员，主要是中低级的管理人员；专门人才，即各种具有专门技术知识的人才，如会计师、经济师、工程师等；普通工人，即生产工人；教师，日本企业非常重视职工素质的培训和提高，因此特别把教师也纳入企业人力资源的范畴。人力资源的特点有：生物性、能动性、动态性、智力性、再生性、社会性。

（二）人力资源管理和人事管理

企业的人力资源管理是对企业所从事的人力资源规划、招聘、培养、使用及组织等各项管理工作的总称，主要的工作内容是选人、育人、用人、留人。

现代的人力资源管理是从传统的人事管理过渡而来的。早期的人事管理只限于人员的招聘与录用、调配、工资管理、档案保管等较为琐细的工作，后来逐渐涉及工作分析的编写、绩效考核制度和方法的拟定、奖酬制度的设计和管理、员工培训活动的规划和组织，以及其他人事规章制度的制定等。

现代人力资源管理与传统人事管理相比有以下特点：

（1）以人为本。以人为本就是把人当成组织中最具能动性、创造性和活力的要素。人是组织得以存在和发展的第一位的、决定性的资源。人是企业最宝贵的财富。

（2）把人力当成资本，这样能带来更多价值。把人力当成资本，是对人的一种积极能动的看法，会使人把注意力放到如何使人力发挥出更大的作用、创造出更大的效益上，就会把提高人力素质、开发人的潜能作为人力资源管理的基本职责。这种管理体现出人力资源管理的基本特征。

（3）把人力资源开发放到首位，但这不意味着不重视人力资源的使用管理。使用是目的，而开发是手段，开发人力资源的目的是更好、更有效地使用人力资源，并在使用过程中产生更大的效益。

（4）人力资源管理被提高到组织战略高度来对待。组织战略是指组织为自己确定的长远性的主要目标，以及为实现此目标而选择的主要行动路线和方法。组织中的任何战略决策，都需要人力资源战略决策予以支持和保证。

（5）人力资源管理部门是生产部门和效益部门。在各种生产要素中，只有人力这个要素是主动的、积极的、具有创造性的要素。人力在生产过程中，通过对其他生产要素的加工改造和利用，使它们变成对人类有用的财富。财富的形式和数量，是由人力在生产过程中的使用状况决定的。因此，对人力资源的管理是真正的生产管理、效益管理。目前，人力资源管理已成为各高校的一门重要的管理课程。

二、人力资源开发

人力资源开发，是指发现、发展和充分利用人的创造力，以提高企业劳动生产率和经济效益的活动。企业人力资源的开发有以下三个方面的内容：第一，把企业现有职工的能力挖掘和激发出来，运用到生产经营工作中去。人的能力有广义和狭义之分，具体来说，狭义的人的能力包括人的基本能力和应用能力两方面。人的基本能力是指人的知识、技能和体力方面的能力；人的应用能力是指把基本能力转化为实际应用的能力，主要是解决实际问题的能力、创造能力、协调交涉能力、领导能力等。除了人的基本能力和应用能力以外，广义的人的能力还包括人的工作绩效，即实际工作的成绩和效果。衡量一个人的能力，最重要的不是看他的缺点是什么，而是看他的成绩，看他能为组织做什么。第二，把每一名职工的能力在现有水平上提高一步。第三，在现有的全部人力资源中发现人才、培养人才。有的领导者慨叹本企业无人才，其实人才并不神秘，通常来说，人才是在相同的条件下能比别人更有效地解决问题、成绩比较显著的人。从这个观点出发，人才到处都有。人才又有通才、专才之说，通才是指才能比较全面的人，专才则是指某一方面能力较强的人。专才、通才都是人才。一个企业必有人才，所谓行行出状元，关键是如何看待人才。领导者的任务就是发现、培养和使用人才。

（一）人员的选拔与聘用（选聘）

一个企业在进行人员选聘时，到底是内部选聘还是外部选聘，应具体问题具体分析。同时，在选聘中要坚持计划性、公正性和科学性原则。人员选聘的程序和方法为：制订选聘计划，发布选聘信息，进行选聘测试和选聘决策等。

（二）人员培训

员工培训是指一个企业为改变员工的工作态度和工作能力，不断提高他们的工作业绩而进行的知识教育和技能培训。

员工培训的意义为：通过培训，可以帮助员工尽快地掌握必要的知识技能和形成必要的工作态度；通过培训，可以帮助员工适应企业内外环境的迅速变化；通过培训，可以满足员工自我发展和自我实现的需要，从而使其获得精神上的成就感；通过培训，可以提高全体员工的素质，从而促进劳动生产率和工作效率的提高，最终实现企业的经济目标。

按培训与工作岗位的关系划分，员工培训的形式和方法主要有职前培训、在职培训和脱产培训。

（三）人员激励

一切行为都由激励产生，人的行为都有一定的目的和目标，而目的和目标的产生又来自某种需要。

一个人主观上认为能够达到目标，就会激发出强大的力量，做出个人成绩；而个人在做出成绩后，又总是期望得到组织适当、合理的奖励，如奖金、提级、表扬等；这种奖励刚好能满足个人的需要，因为不同年龄、性别、资历、社会地位、经济条件的人的需要不同。

三、企业人力资源规划

人力资源规划又称人力资源计划，是指企业根据企业的发展战略、目标以及环境的变化，科学地预测、分析企业在未来环境中的人力资源供给和需求状况，从而制定相应的政策和措施，以保证企业在适当的时期内和一定的岗位上获得所需的适当数量和质量的人员，并使企业和员工的长期利益得到满足。

四、人员的绩效考评

人员的绩效考评是指企业按一定的标准，采用科学的方法，对员工的思想、品德、学识、业务、工作能力、工作态度和成绩，以及身体状况等方面进行的考核与评定。

绩效考评是人力资源管理的重要环节。其目的在于发现与选拔人才，为企业实施员工奖惩、员工职位升降、员工岗位调配、员工培训等工作提供基本依据。企业通过对员工工作绩效的客观评价，可以有效地发掘和利用员工潜在的工作能力；可以激励员工努力工作，积极进取；可以发现员工工作中的问题，使员工明确进一步改进工作的方向。

从广义上理解，绩效考评是对一个人的全面考察，其内容包括：德，指一个人的政治素质、思想品德、工作作风、职业道德等；能，指一个人完成各项工作的能力，如分析问题和解决问题的能力、独立工作的能力等；勤，指一个人的勤奋精神和工作态度；绩，指一个人的工作成绩和效果；体，指一个人的身体状况。人力资源管理中的日常绩效考评，一般主要包括工作成绩、工作态度和工作能力三方面的内容。

企业进行绩效考评时，应根据不同的人员、不同的岗位，确定不同的、具体的评价项目和标准。

第五节 企业文化及企业形象塑造

企业文化是在一定的社会经济文化背景下，在长期生产经营过程中逐步形成和发育起来的、具有鲜明企业特征的企业哲学、价值观、精神，以及以此为核心而生成的企业经营意识、行为规范、道德准则、传统习惯和作风等方面的总称。它具体表现为表层的物质文化、浅层的行为文化、中层的制度文化、深层的精神文化，其内容包括：企业哲学、企业价值观、企业道德、企业精神、企业目标、企业管理思想、企业民主、企业制度、企业形象、企业作风、企业团体意识、企业文化活动等。企业文化的实质就是以人为中心，以文化引导为根本手段，以激发职工的自觉行为为目的的独特的文化现象和管理思想。而以企业文化有效地强化管理效果，是现代企业管理的重要内容之一。企业文化建设的意义包括：有助于增强企业的凝聚力和向心力；有助于塑造和树立良好的企业形象；有助于规范企业的行为，改善经营作风，可以加强和改善企业管理现状。企业文化的功能主要有：引导企业以及职工个体的价值取向；培养团队精神，增强企业凝聚力和向心力；激励职工以最大的热情为企业发展努力工作；约束和规范职工的行为；塑造良好的企业形象；辐射外部环境等。

企业形象是指企业的价值观念、道德观念、企业精神及其行为特征等在企业职工和公众心目中的全面反映。企业形象是个综合的概念，它由许多具体内容构成。概括来说，它主要由产品形象、员工形象、工作形象、环境形象等要素构成。企业形象是企业宝贵的无形财富。一个企业的外部形象，对于企业的生存和发展具有重要意义。首先，良好的企业形象有利于扩大产品销售范围；其次，良好的企业形象有助于企业的长远发展；最后，良好的企业形象有利于企业的对外交流和合作。树立较好的企业形象，绝非一日一时之功，需要企业在许多方面做出长久不懈的努力。企业应着重做好以下几个方面的工作：第一，注重改善企业为消费者服务的环境；第二，努力提高产品的质量；第三，充分利用多种传播手段，加强企业形象的宣传；第四，企业形象的维护和调整；第五，从外部形象、内部形象、表层形象、深层形象等多方面入手，全面努力。

一、企业形象的概念及分类

在人类社会生活中，人与人之间会发生各种各样的联系和交往。在这些交往活动中，人们发现，单个人的活动往往会受到种种限制，因而逐渐产生了各种社会组织。

企业作为以营利为目的，追求经济利益最大化的组织，在竞争激烈的环境下，其生存和发展与很多因素有关，自身的实力、良好的管理、适宜的环境是企业成功的基础。企业文化是一种以关心人、尊重人、理解人、支持人为特征的管理思想。企业形象作为一种管理职能，从如何建立和维护组织与公众之间的互利互惠关系、树立组织良好形象的角度来促进企业的发展。

企业形象是指人们通过企业的各种标志建立起来的对企业的总体印象。企业形象是企业精神文化的一种外在表现形式，它是社会公众在与企业接触交往的过程中所感受到的总体印象。这种印象是通过人体的感官传递而获得的。企业形象能否真实反映企业的精神文化，以及它能否被社会各界和公众舆论所理解和接受，在很大程度上取决于企业的主观努力。企业形象是一个有机的整体，是由组织内部诸多因素共同作用的结果。按照不同的标准，企业形象有不同的划分方式。按照形象的可见性，企业形象可分为有形形象和无形形象。

企业的有形形象是指那些人们可以通过感觉器官直接感觉到的组织对象，包括产品形象（如产品质量性能、外观、包装、商标、价格等）、建筑物形象、员工精神面貌、实体形象（如市场形象、技术形象、社会形象等），它是通过企业的经营作风、经营成果、经济效益和社会贡献等形象因素体现出来的。

企业的无形形象是人们通过抽象思维和逻辑思维形成的观念形象，这些形象虽然看不见，但可能更接近企业形象的本质，是企业形象的最高层次。对企业而言，这种无形形象包括企业的经营宗旨、经营方针、企业经营哲学、企业价值观、企业精神、企业信誉、企业风格、企业文化等。这些无形形象往往比有形形象更有价值。

二、竞争使企业文化的地位有所提升

现代社会重视企业的形象问题，实际上是竞争的结果。在激烈的竞争中，各种有形形象容易被模仿和超越，而无形形象更容易获得竞争的优势。

企业文化作为一种大型企业的凝合剂，以价值观共识为手段，统合企业行为，实行文化管理和文化控制，能够节约大量的管理成本。企业文化是指一个企业长期形成的一种稳定的文化传统，它是企业员工共同的价值观、思想信念、行为准则、道德规范的总和。它的实质是企业员工的经营理念、价值观和企业精神。现代社会已进入"文化制度"的时代，文化的力量深深熔铸在企业的生命力、创造力和凝聚力之中。现代市场竞争已越来越表现为企业文化的竞争，竞争的结果是拥有先进文化的企业得到生存和发展的机会，存有落后文化的企业被淘汰出局。用先进文化全面提升企业核心竞争力，引领企业在新型工业化道路上持续健康地发展，是新时期企业文化建设的方向。

企业文化应该包括企业的物质文化、行为文化、制度文化和精神文化四个部分。企业的物质文化是企业员工创造的产品和各种物质设施等构成的器物文化。它是企业文化的物化成果，主要包括企业的环境和设施、企业的产品和服务、企业的容貌和标志等。物质文化属于企业文化的表层。企业的行为文化是指从最高领导到基层员工的言行举止中反映的企业文化内涵和特征。企业英雄、企业典礼仪式、文化活动和企业家行为在企业文化价值观方面起着重要的作用，也是构成企业文化的重要因素。

三、企业文化与企业形象的关系

企业无论大小，都是由若干人组成的社会群体。群体成员长时间地共同生活、劳动和学习，通过反复交往与接触，他们的理想信念、精神风貌等都会逐步形成具有某种特征的文化氛围，形成不同于其他组织的文化群。随着企业经营活动的开展和产品的流动，企业无时无刻不在打造文化形象。企业形象作为企业内在素质和外在表现的综合体现，构成了现代企业生产力的综合指标，企业形象实际上就是生产力。企业形象是企业文化的重要组成部分，是企业文化的展示和表现，是企业文化在社会或市场上的认知和评价，它必须受企业文化的指导，以企业文化为灵魂。企业不能忽视对企业文化的建设，企业文化的建设不能忽视对企业形象的理性策划。

（一）企业文化为企业形象的塑造提供支撑

企业要在竞争中取胜，就要全面树立自己的形象，树立企业形象则需要以企业文化为支撑。第一，企业文化造就了高素质的企业人，正是这样的企业人在为企业形象增添光彩，从而为企业形象战略的实施奠定了基础；第二，企业文化造就了企业内部公众的共同价值观，这种价值观一旦形成，对企业形象战略的实施具有深远的意义；第三，企业文化强调企业在长期发展过程中生长和培育起来的高层次的精神活动，这是企业形象战略实施的指导思想。

（二）企业文化为企业形象战略提供氛围

实施企业形象战略一定要具有好的氛围，企业文化正是这种氛围的创造者。企业文化具有导向、凝聚、激励和调适等功能，能够通过各种文化形式为企业形象战略的实施营造一种团结和谐、亲切友善、奋发向上的文化氛围。第一，企业文化建设能用共同的价值观引导企业成员的价值取向和行为取向，使其自觉地把企业目标当作个人目标，并团结一心为之奋斗；第二，现代企业文化建设为企业与职工的协调发展创造良好的文化环境和氛围；第三，企业文化强调通过各种文化形式的寓教于乐，引导企业成员的心理活动和行为。

（三）企业形象战略的实施促进企业文化建设

企业形象的塑造在体现企业文化内涵时具有一定的专业性、独立性，既是对企业文化更深层次的探讨，又是企业文化的外在表现。实施企业形象战略是企业文化建设的基本途径，企业形象战略的实施必须与企业文化建设相结合，促进企业文化的建设。

四、构建企业文化和树立企业形象的具体要求

随着中国市场经济的迅速发展，企业之间的形象竞争加剧，创新企业文化、树立企业形象势在必行。本书在分析企业文化和企业形象的辩证关系的基础上，探讨了构建企业文化与树立企业形象对企业家和企业员工的具体要求。

（一）对企业家的要求

企业文化与企业形象的主要表现是企业精神，企业精神是企业经营观念的集中体现，它是一种强烈而持久的信念力量。企业必须在生产经营实践中形成自己富有时代内容与鲜明个性的企业精神。

培育企业精神对企业家提出了很高的要求。在我国，企业形象战略实行至今，虽然造就了不少知名企业，但也存在不少问题。例如，"权一放"与"利一让"就导致了投资膨胀与企业分配向员工个人倾斜的现象。因此，企业家必须具备责任感，才能加强对企业发展战略的深入研究，制定出科学、合理的战略规划。构建企业文化、树立企业形象是一个长期的系统工程。企业家还应注重经营理念的变革，在经营中注入文化力和形象力，将企业形象战略作为企业发展的重要战略之一，实施一系列行之有效的举措，如改善企业内部管理，充分调动员工的凝聚力和向心力，形成共

有的企业价值观；营造积极而富有特色的企业经营理念；塑造良好的产品形象和员工形象；创造有利的外部环境，塑造良好的公共关系形象；以企业理念为核心，结合市场需求，实施符合企业实际形象的战略手段，树立高文化品位的企业形象，着力推进企业效益的提高，从而实现企业目标。

（二）对企业员工的要求

第一，企业全体员工要有创业、守业、开拓进取的精神，即"作为企业人，为企业争光"的责任心与自豪感。员工应以自己高度的事业心、奋发向上的进取心与责任感，进行创造性的劳动，包括技术创新、策略创新等。第二，企业全体员工还要有团结奋斗的精神。企业员工既是"企业人"也是"社会人"，这两种身份是不能分离的，必须凝聚在一起，同时将个人发展与企业命运紧密地联系在一起。第三，企业全体员工还应有一种为企业生存与发展付出的牺牲精神。企业精神实际上就是人的精神，其中也包括为追求高尚的精神风貌与实现自我价值而付出的牺牲精神。只有这样，才能全面提高企业的竞争力，使企业形象成为活力与合力的能量体，生生不息，经久不衰，开创卓越未来。

五、如何打造有中国特色的企业文化

先进的企业文化是企业生存和发展的内在动力，是提升企业形象、增加企业价值的无形资产，是企业核心竞争力的形成要素和重要组成部分。

（一）提炼企业的核心价值观

任何组织想继续生存和获得成功，首先一定要有健全的核心价值观作为所有政策和行动的前提，而且企业成功的最重要因素是忠实地遵循这些核心价值观，如果违反这些核心理念，就必须加以改变。在进行文化定位时，关键的一点是要把握自己真正相信的东西，而不是抓住被其他公司定义为价值观的东西，也不是被外界环境认为应该是理念的东西。对核心价值观的陈述可以用不同的方法，但必须简单、清楚、纯真、直接而有力。

（二）发挥企业家在企业文化建设中的核心作用

企业家处于企业文化建设的核心地位，一方面，企业家的思想、行为等对企业文化有很大影响，企业文化的培育在很大程度上取决于企业家的价值观和职业素质；另一方面，企业文化的确立需要企业家自上而下地推动，用自己的权威去整合企业中的价值观。

（三）要与中华民族优秀的传统文化相承接

任何一个企业的文化底蕴都来自本民族的传统文化。以儒家思想为主的中国传统文化着眼于以规范准则引导人们的日常行为。这种文化的包容性和开放性，使中国的民族文化具有与时俱进和兼容并蓄的特征，这在经济全球化和市场经济条件下同样有着现实的指导意义，能够为先进的企业文化建设提供肥沃的土壤。因此，培育先进的企业文化必须弘扬中华民族的优秀传统文化，并根植其中，吸取其精华。我们应该学习和借鉴一切有益的先进经验，不能生搬硬套，还应该学习和借鉴一切先进的文化，创造出适合我国国情、具有中国特色的、力争世界领先的企业文化。

第六节　企业营销管理

市场经济的飞速发展在给各行各业带来广泛机遇的同时，也令各企业面临着更多的挑战。加之金融危机对国际市场的影响，企业优质营销管理的难度增加了。本节就如何在市场环境影响下科学地开展企业营销管理进行研究，通过对经济状况的分析，明确了实施营销管理的科学意义与内涵，并制定了科学实践策略。对提升企业营销管理水平，推进各企业实现可持续的全面发展，有力地赢得市场竞争主动性，有重要的实践意义。

一、企业营销管理面临的经济状况

新时期，企业要想在激烈的市场竞争中站稳脚跟，持续地生存并不断地发展，便需要制定科学有效的营销管理策略。随着经济全球化进程的持续深入，我国市场环境发生了较大的变化，一些企业在动荡变化的市场环境下，由于经营不善、营销管理策略不佳而被市场淘汰，产生较多损失，甚至最终破产。而一些企业则可利用市场环境下不断变更的机会，制定有效的营销管理策略，扭亏为盈，创造了更多的经济效益与社会效益。

在信息时代，企业中的人力、物力以及财力资源，再加上应用技术构成的工作体系处在不断变化的动态发展状态，该类变化有可能令企业面临较大的经济损失，也可能为企业创造更多的获利机会。也就是说，新时期的环境就好比一把双刃剑，企业要想获取持久的生存与发展，提升生产经营水平，便应深入探究企业营销管理策略，掌握丰富的实践工作经验。在不同的地域，人们针对企业营销管理理论的认识研究的广度与深度均有所不同，因此，应合理探明企业实施营销管理的真正意义和内涵，方能缩小地域差距，依据消费者的内心需求，优化营销管理效能，获取全面的发展与提升。

二、企业营销管理核心意义的内涵

企业营销管理是企业经营管理应引入的可靠合理方式，可节约成本投入，以合理的经费获取最大化的利润保障，创造安全的发展环境。在现代社会发展和生产的进程中，进行各类大规模劳动生产，均需要做好整体劳动的调和与监督，方能令单纯的劳动有效地满足总体生产标准，确保整体劳动工作符合既定目标。特别是在科技手段快速发展、各类产品推陈出新的时代，市场环境瞬息万变，企业开展科学有效的营销管理便更为重要。制定科学决策，可辅助企业赢取竞争的主动地位。在经济全球化进程中，企业身处的经营发展环境越发多变复杂，各类影响因素更加多样化。因此，企业需要创建良好适宜的管理机制，开展切实可行的企业管理活动，方能在多变的市场环境下制定可行的管理决策，实现又好又快的全面发展。

现代企业为确保具备充分的资源实施生产经营管理，创建预期效益利润，应采用科学合理的管控策略，提升管理水平，确保企业各类资产资源的整体性、可靠性、稳定性以及牢靠性。企业管理经营的最终目标在于创建最大化效益，获取利润。然而，在向着这一目标发展的过程中，势必会经受各类不利因素的影响，进而导致企业从事经营活动的最终目标较难实现。为此，企业应实施科学合理的营销管控措施，方能应对各类不利因素的影响，确保经营目标的全面实现。

三、科学的企业营销管理策略

当前，在大规模企业建设发展的过程中，管理经营为其生存阶段中的一项永恒主题。通过科学管控与合理经营，可打造创新型单位。企业不应片面地追逐生产速率的扩充以及经营规模的壮大，而应不断追求企业核心素质的增长以及总体竞争力的提高。因此，就企业实施营销管理阶段中包含的主体矛盾以及存在的薄弱环节，应引入可靠、有效的管理策略，注重自主发展创新，与时俱进，提升工作质量水平。

（一）与时俱进，强化企业管理

信息时代，企业应与时俱进，持续更新，树立以人为本的工作理念，做好全面的协调管控，秉承科学发展观，打造一支综合素质优良的营销团队，实现资源的科学开发与有效应用，做好生态环境保护。同时，现代企业应形成勇于创新的工作理念，全面地追求卓越，方能实现可持续发展。在实践工作中，应不断地在学习发展中实现创新，同时用新型理念指导创新管理。应基于文明和谐、配套合理的工作原则，提升企业的整体凝聚力与向心力，通过有效的奖惩管理措施，全面激发员工的主观能动性以及创新发展性，进而令企业真正地向着科学规范的营销管理方向不断迈进。

随着企业规模的持续扩充，其经营决策与人才选拔工作更为重要。因此，应创建科学合理的公司法人治理系统结构，清楚出资方、企业董事会以及经理人员承担的权责义务，完善企业经营人以及所有方面的委托代理权责和权力制衡制度，令企业经营、所有方以及生产人之间的关系更加和谐。同时，应有效应对企业内部各个层面的组织关系，创建横向交流、纵向管理指挥体系。还应有效应对企业集团总部同公司内部不同部门之间的分权管理关系，创建科学的公司治理组织系统，实现大权独揽、小权分散以及分权与集权的全面集成，令企业管理营销制度与工作模式更加完美和谐、有序高效，进而为企业的全面发展和茁壮成长打下坚实的基础。

（二）夯实基础，扩充管理领域

企业的规范化营销管理，离不开坚实的基础工作这一核心保障举措，为此，企业应改进工作作风，尤其应做好管理机构以及领导作风建设，进一步规范完善工作流程，创建具有先进性、充满应用价值的营销管理制度系统，进而令工作体制更加精准化，更为细化，呈现可量化特征。

企业经营应不断拓宽管理领域，全面深化工作内涵。随着竞争发展环境、各类应用资源的不断发展变化，企业应做好对工作范畴、实践领域以及核心重点工作的有效协调。因此，应针对竞争主体，由单个企业发展模式逐步转变成整条价值链模式。营销管理范畴不仅包括企业自身的各种人力、物力、财力与信息资源，还应逐步发展延伸到供应方以及客户，进而令竞争资源合理地由以往单纯的物质、人员、财力竞争发展转变为知识技术、信息资源以及无形资产的竞争，打响品牌战略。在优化营销管理的基础上，应强化信息化建设，做好人本管理经营，注重知识营销以及品牌营销。为符合企业效益提升目标，实现可持续发展，企业还应注重绿色建设管理，承担有效的社会责任，打造文明和谐的工作环境，提升诚信管理的重视力度。

（三）重视非物质资源的合理开发与应用

为适应我国的市场发展环境，实现循环经济建设，做好生态环境的科学保护，应加强节约型资源建设，打造环境友好型企业，开展绿色管控经营，科学履行各项社会责任，将企业打造建设成真正文明、和谐的现代化、生态化单位，实现可持续发展。

企业要打造节约资源管理模式，应创建由替代、节约、再应用、系统化以及资源化等先进手段组建的技术支撑系统，构建对资源的经营管理、生产运行极为有利的产品结构以及组织体系。企业还应创建科学有效的效益评估系统以及物资管控与成本管理体制。

企业应重视对非物质资源的合理开发与应用。新时期的物质资源趋于紧张，令非物质资源的应用开发变成企业发展经营的全新途径。当前消费市场为买方主体模式，消费者对一些产品具备的社会属性的重视度渐渐超出了产品本身的价格以及特性，可令消费者在精神情感上获得满足的商品品牌以及设计形象则逐步变成了竞争的主体。为此，现代企业应快速、全面地加强商品品牌以及形象的发展建设。同时，应时时刻刻做好对企业声誉的管理和维护工作，进而真正地扩充无形资产总量，创设显著的品牌效益。

企业承担的社会责任已经逐步上升到全球高度。企业应树立积极热情的工作态度，应对自身应承担的社会责任与具体标准，应针对企业劳动用工、经营组织管理、经费酬劳支付、职业安全，以及健康文明体制等方面，积极开展适应性发展变革，全面保护员工应享有的合法权益。员工评价标准为企业开展岗位评价管理的重要环节与难点问题。可对工作人员的技能标准、工作任务量、工作职能范畴，以及工作标准精密性等方面进行全面考察，创建科学、有效的评价指标体系。

岗位测评结果经过合理调节后，需要使测评结论完成与岗位等级表的对接转换。在该过程之中，可令各个分类设立的岗位形成两大类别，即企业管理层和生产层。企业管理层应履行岗位工资管理体制，也就是由人力资源机构负责操作；而生产层则应履行计件工资管理体制。人力资源机构应将计件工资分配划拨到企业各个生产车间，后者要依据岗位评价的具体结果，明确有效的分配管理模式，进而做好充分的薪酬体制设计安排的前期准备。

（四）引入网络营销策略，创新管理

在信息时代，企业应引入网络营销策略，创新管理。当前，消费者在市场营销的发展阶段始终处于主体地位，因此，供应商应为其提供符合其主观意愿与迫切需求的个性化、特色化产品。企业应依据市场导向、消费者主流趋势生产优质产品，真正为消费者提供专属服务。另外，企业应进一步制定科学、先进的价格营销策略。

可利用网络系统科学地实施，提升消费者对各类产品价格的整体敏感性。企业还应进一步实现对营销渠道的全面创新，借助网络系统，与消费者创建直接联系，将各类适合消费者的产品有效地呈现给消费者，并为消费者提供快速、直接的咨询服务，回答其对产品提出的疑问，并接受消费者的订单。目前，较多消费者习惯对其在意的供应商进行二次或多次采购，而不会花费过多的时间与精力培养、寻找新供应商。因此，企业应想办法真正留住消费者，针对消费者的现实需求，提供人性化服务，创新形式，拓宽营销管理渠道，进而赢得市场份额，创造显著效益。

四、企业营销管理的方法

为提升企业的核心竞争力，创造显著效益，获取发展的主动性，企业只有真正明确营销管理工作的重要性、核心内涵，针对当前经济发展状况，制定科学有效的应对策略，与时俱进、强化管理、夯实基础、扩大管理领域，注重非物质资源的合理开发应用，才能站稳脚跟，真正实现良好的发展，适应市场发展环境，实现稳步提升。

（一）市场消费需求与营销管理

市场最直观的表述是商品进行交换的场所；经济学则从市场是交换关系的总和的角度进行分析的；而从市场营销的角度看来，卖主构成行业，买主则构成市场，市场是社会需求的总和。

市场消费需求，是指消费者具有市场购买能力以及需求和欲望。因此，市场的规模和容量包含三个主要因素，即有某种需要的人、具有满足这种需要的购买能力和购买欲望。用公式来表示就是"市场＝人口 × 购买力 × 购买欲望"。市场的这三个因素是相互制约、缺一不可的，只有三者结合起来，才能构成现实的市场，才能决定市场的规模和容量。

市场营销是指企业以消费者为中心，为占领市场，扩大销售，实现预期目标所进行的一切经营活动。它包括市场调研分析、选择目标市场、产品开发、市场开发、产品定价、渠道选择、产品促销、产品储运、产品销售、售后服务等一系列与市场有关的业务经营活动。

（二）市场营销的指导思想

指导企业领导者和管理者从事市场经营活动、解决各种经营问题的思想，由一系列观念构成，包括全局观念、满足市场消费需求观念、竞争观念、开发与创新观念和资本运作观念等。

(三) 市场细分与目标市场选择

市场细分是企业根据消费者的购买行为和习惯的差异性认识消费者，确定目标市场，开展市场营销的方法。市场细分的意义在于，有利于企业发掘新的市场机会；有利于增强企业的适应能力及应变能力；有利于企业提高经济效益；同时有利于提高社会效益。

经过市场细分，企业发现了市场机会，进而能够科学地选择目标市场。企业的目标市场应具备以下条件：该市场应有相当大的现实购买力和潜在购买力；进入该市场后，企业可以发挥优势，战胜竞争者；企业具有进入该市场的可能性和可行性。企业可根据市场状况和自身条件选择目标市场策略，主要策略包括市场定位策略、无差异市场策略、差异市场策略、集中性市场策略等。市场定位就是确定本企业的产品在市场上的位置。无差异市场策略，是指把对象市场看成一个整体，以单一的产品去满足不同细分市场的需要；差异市场策略，是指为满足不同的市场需求制造不同的产品，采取有差异的营销组合；集中性市场营销，是指在整个市场中选择一个特定的子市场，充分发挥本企业自身的优势，采取专业化生产，并将产品集中在这个子市场里进行营销。

(四) 主要的营销策略

正确选择及合理调整企业的产品策略、价格策略、销售渠道策略、促销策略等整体营销策略，是市场营销管理的重要内容。产品策略主要包括产品市场生命周期策略、销售渠道策略、价格策略和促销策略，产品从投入市场直到在市场上被淘汰，如同生命有机体一样，有一个产生、形成、发展、成熟直至衰亡的过程，这个过程被称为产品市场生命周期。根据产品处于其市场生命周期的各个不同阶段的特点，企业应灵活制定不同的营销策略、新产品开发策略、品牌和商标策略、包装策略等。价格策略主要包括用成本导向定价法、市场需求定价法、市场导向定价法等不同方法给产品定价，根据具体情况采取高价策略、低价策略、折扣让价策略、差别定价策略、多品种定价策略、心理定价策略等。销售渠道策略包括选择中间商、直接销售和间接销售、短渠道和长渠道、窄渠道和宽渠道等渠道后采取的不同策略。促销策略主要包括人员推销、广告促销、营业推广等多种方式的选择及组合策略。

第四章 企业内部管理

第一节 技术创新和技术进步

技术创新是指由技术的新构想，经过研究与开发或技术组合，到实际应用，并产生经济、社会效益的商业化的全过程。技术开发是指把科学技术的潜在生产能力转化为直接的、现实的生产能力的过程。技术开发是以新技术、新工艺、新材料、新设备和新产品的开发，以及老产品的技术改造和技术革新为中心，把知识性科研成果转化为实物产品的科研活动，它是企业技术创新的重要过程和内容。技术开发活动包括市场调查、技术预测、科学技术研究、技术设计、技术鉴定和评价等诸多阶段的工作，是科学技术研究和生产活动的结合，既受科学技术发展规律的制约，又受经济发展规律的制约。

技术开发应坚持先进性、适用性、经济性原则，并把自主创新和技术引进、技术改造结合起来，要改变过去忽视技术创新，重引进、轻消化吸收，技术改造科技含量低或以改造为名搞基本建设等现象，建立技术创新机制，把技术进步作为出发点和落脚点，切实搞好技术开发工作。技术开发一般应遵循以下几项原则：以正确的技术开发战略为指导；符合社会需要；符合国家技术政策；坚持技术上的适应性和经济上的合理性；坚持通用化、标准化和系列化；便于使用和制造；要有创新精神，永远不满足于现状。在技术开发方式上，可以根据企业自身的实力和需要，选择独立研究与开发、科技协作、技术引进、购买技术成果等策略。在开发时机上，也有抢先策略、紧跟策略、稳进策略等。

技术进步是指在一个经济系统的产出增长中，扣除劳动和资本等基本要素的投入量增长之外的，其他促使产出增长的因素的总和。它是一个含义十分广泛的概念，人们一般用它来表示社会技术和经济活动的结果。技术进步的实现手段很多，如提高教育水平和劳动者素质、实现规模经济等，但实现技术进步的根本途径是技术创新。技术进步要依靠技术创新，技术创新又能推动技术进步。技术进步是生产和经济发展的客观要求，而技术进步又必然要求不断进行技术创新，技术创新是技术进步的根本手段。

如今，已有越来越多的人认识到技术创新和技术进步的极端重要性。首先，企业只有不断增强自主创新能力，依靠技术创新推动技术进步，才能不断运用新原理，创造新材料、新产品；才能不断满足社会日益增长的需要，从而不断扩大市场，提高企业的声誉和知名度，使企业的产品具有强大的生命力和竞争力。其次，企业只有依靠技术创新推动技术进步，才能不断改革工艺方法、工艺流程和生产手段，使企业提高自身的生产技术水平，全面改善各项经济技术的指标，提高经济效益。最后，企业只有依靠技术创新推动技术进步，才能不断改进旧的管理方法和管理手段，推动企业的兴旺发达和持续发展。正是由于这些道理，现代企业在管理过程中十分重视技术创新和技术进步，这已成为现代企业发展的硬道理和大趋势。企业必须适应世界科技发展的大趋势和国际产业结构调整的要求，建立以企业为中心的技术创新体系，推进产、学、研相结合，开发和保护自主知识产权，促进科技成果向现实生产力转化，加快技术创新和产业升级，集中力量开发重大技术装备、关键技术、重点产品等，使其产品质量、工艺技术、生产装备、劳动生产率等接近或达到世界先进水平。全国各地的高楼大厦有如雨后春笋般拔立，但同时也造成了巨大能耗。因此，技术创新和技术进步就显得尤为重要。本节首先以建筑企业中的节能施工为例，阐述了节能施工对建筑企业可持续发展的重要性，然后总结了节能建筑技术在房屋建筑中的应用，最后阐述了我国建筑企业技术创新的现状和发展道路，相信以节能施工技术为契机的建筑企业技术创新和改进能够更好地造福于人类。

在全球都在倡导节能减排的大环境下，绿色环保成为当今社会的主旋律。基于节能理念，建筑工业也要应用节能技术才能实现全面协调可持续发展。节能施工技术的应用，既可以保护环境，减少污染，又可以提高人们的生活质量，体现节能的真正价值。本节主要以节能技术的创新应用为例，阐述了实现技术创新和技术进步对建筑企业可持续发展的重要意义。

一、节能施工创新技术的重要性

在建筑工程上运用节能施工技术，就是要减少能源消耗，实现绿色建筑。节能建筑主要具有以下特征：注重环境与建筑的相互协调，维持二者的良好关系，做到和谐共存；在施工建筑材料的选择方面，要提前制订选购方案，材料本身应是节能材料，从采购到运输、加工，整个过程也应该是绿色环保的，要实现循环再利用；在施工中，应选用高素质的节能建筑人才，使用低能耗、高效率、少污染的技术和措施。

我国是能耗大国，大家应该积极响应号召，一切以节能减排为目的。节能施工技术在建筑方面的应用可以帮助我们尽量少用不可再生资源，节约土地、水、建筑能源等，同时也可以为人们提供健康、舒适的生活场所和工作环境。节能在建筑行业的主要体现，就是从图纸设计到使用的建筑材料、施工技术，全面实现节能目标。建筑相关单位应该遵守相关法律法规和章程，认真贯彻落实国家标准，既保证正常的施工运营，又保证节能减排，实现企业的可持续发展。

二、应用节能施工创新技术的优势

房屋建筑节能施工有着很重要的意义。应用节能施工创新技术，可以应对时代要求，推动新能源的开发，加大对太阳能、风能的使用力度，降低对传统建筑材料的依赖性，促进新技术的推广，有效推进循环经济的发展。节能施工技术本身体现了全面协调可持续发展战略，既推进了建筑行业的快速发展，提升建筑行业的整体发展水平，还促进了国民经济的发展，同时起到了节能减排、保护环境的作用。

（一）门窗节能技术的优势

1. 采用新型玻璃

特定的低辐射玻璃如果制成中空的，比较适用于北方，冬天可以保暖，夏天可以隔热，它的传热系数是普通单层玻璃的1/4~1/3。这种低辐射玻璃的主要特点是反射率低，这是因为它的表面涂了一层半导体氧化物的薄膜，可大量吸收太阳的辐射能，对红外光和可见光的透光率较高。这种低辐射玻璃对常温下的长波红外热量的反射率高，因而有很好的保温性能。

2. 提高外窗气密性

在门窗框与墙缝间设置泡沫塑料密封条，采用有弹性、松软的密闭型材料；在框与扇之间，可以使用橡胶、泡沫密封条等；在扇与扇之间，可以使用缝外压条等；在扇与玻璃之间，可以使用弹性压条等。

3. 门窗节能施工的控制要点

门窗严禁用射钉枪固定；墙体间缝与门窗框之间的填充材料要嵌满压实，表面平整，无裂缝；中空玻璃的安装要符合要求规定，弹性止动片要安装在玻璃两侧，间距不大于300毫米，连续使用压条时，第一个弹性片应距槽角50毫米。

（二）屋面节能技术的优势

1. 合理选择保温材料

保温材料有很多，板状的有水泥聚苯板、聚苯乙烯板、加气混凝土块等，散料水泥浇筑的有浮石、炉渣、珍珠岩等。在选用屋面保温隔热材料时，应按照有关设计要求和产品规范，选择容重低、吸水率低、导热系数小的保温材料。在材料保存方面要注意防水防潮，在施工时，如果有必要，可首先进行适配。

2. 倒置式屋面

在传统屋面构造中，防水层在保温层上面，所谓倒置式屋面，就是将这两层颠倒位置。因为在传统工艺中，通常使用水泥珍珠膨胀岩、矿棉岩棉等非增水性材料，如果吸湿，会增加导热系数，因此需要一次性建立防水层、保温层、隔气层，构造复杂了，造价也增加了。同时由于防水材料位于最上层，老化的加速会缩短防水层的寿命，为防止此现象的发生而加铺保护层，会增加额外的投资。

3. 屋面绿化

经过绿化的屋面，可以降低屋面的表面温度和屋面下的温度，同时还可以降低建筑物周围环境的温度。

4. 屋面保温施工的注意要点

首先，保证基层施工的平整和干燥。其次，板材之间的黏合要牢固，松散材料的铺设要保证厚度、压实、平整。再次，在基层防水层的铺设完毕后，要及时进行保温隔热层的施工，还要防止保温隔热层受潮、受损。保温层厚度的偏差不能超过5%。最后，要在保温层上设置封闭隔离层。

三、在建筑企业可持续发展中应用节能施工技术

20世纪70年代，世界能源危机的爆发，促进了建筑节能技术的快速发展。20世纪80年代，我国已经意识到建筑节能工作的重要性，但是当时特殊的国情和我国的经济发展状况，严重制约了节能技术的研究和发展。当下，我国已经把节能施工放在了足够的高度上。建筑市场上各种节能减排技术的使用，使得我国建筑工程行业空前发展，能源浪费的情况进一步呈现下降趋势。关于在建筑企业可持续发展中应用节能施工技术，应注意以下几个方面：

加强节能技术的理论研究。与国外相比，我国的房屋建筑节能减排技术还处在雏形阶段。虽然，国外的节能技术应用已经达到非常成熟的程度，并且呈现出持续上升的态势，但是在理论方面的研究却不够系统，没有一套完整的理论体系来供我们学习借鉴。因此，我国的研究人员要在节能理论方面做大量工作，促进我国专业人才学习，最后为我国建筑工程行业服务。

新型节能材料的开发利用。在节能材料的市场上，还是国外产品居于主导地位，这就会在无形中提高成本。因此，我国必须自主研发节能材料，占领市场，降低成本，追求超额利润。

借鉴国外先进技术。改革开放的四十几年，其实是我们学习国外的四十几年，建筑节能技术也不排除在外。虽然，经过不断的借鉴和学习，我们的节能技术取得了长足的进步，但是与国外的差距还是非常明显的。这就要求我们要更广泛地借鉴国外的先进技术，促进我国建筑节能技术的发展。

我国的房屋建筑节能技术呈现出全方位、多元化发展的趋势。从技术理论和技术层面，都能够满足我国建筑行业的基本要求，但还是要继续推进节能技术的广泛使用和节能材料的研发，使我国建筑工程行业朝着健康、稳定、可持续的方向发展。

节能施工技术在建筑工程方面的应用，不仅可以很好地改善人类的生活，还有助于实现建筑企业的可持续发展。只有将节能施工技术与建筑工程技术良好地结合在一起，才能达到令人满意的效果。因此，我们要大力推广节能施工等创新技术，加大科技投入，这不仅仅能促进节能减排，还会使建筑行业的发展更繁荣，同时促进社会进步。因此，我们要有效利用施工创新技术和先进技术，不断研发新技术，使建筑行业实现可持续发展。

第二节　企业生产管理的任务和内容

企业的生产过程是指从产品的生产准备开始，直到产品生产出来为止的全过程。它包括四个并列的运动过程：生产技术准备过程、基本生产过程、辅助生产过程和生产服务过程。

企业生产管理就是对企业生产活动进行计划、组织和控制等管理工作的总称。其基本任务就是按照企业的生产经营大纲，充分利用企业的生产要素，按期生产出合格的产品。生产管理主要包括生产过程组织、生产计划和生产控制等内容，具体做法如下：

一、更新观念，深化对企业管理的认识

当前，企业管理涉及较多的是外部条件，如建立明确的产权制度、落实企业自主权、完善社会保障体系等。诚然，这是非常重要的，这方面的改革今后还要加快，但外因毕竟是变化的条件，变化的根据是内因，即企业的内部管理。加强企业内部管理需要企业的自身努力，这项工作搞不好，即使产权制度明确了，企业经营自主权落实了，社会保障体系完善了，企业的活力也难以发挥出来。所以，能不能搞好企业内部管理，是关系到企业，特别是大中型企业兴衰成败的关键问题。

实践证明，任何一个具有生机和活力的企业，之所以能够持续不断地提高资本运营的效益与效率，都是因为科学的企业管理。因此，企业必须转变观念，强化管理。具体包括一下几个方面：一是把企业改制与企业内部管理有机结合起来，克服"以改代管"的现象，以改制保管理，以管理保改制；二是正确处理企业效益的增长与企业管理的关系，克服"只要效益好，就是管理好"的片面认识，不能用利润上升掩盖管理上的淡化、弱化现象，要解决企业管理滑坡的问题；三是以市场为导向和归宿，拓宽企业管理的广度和宽度，从企业的经营决策到工程验交后的服务，以及影响企业效益的各个环节都要纳入企业管理的内容，要从过去局限于工程施工过程或某一方面的管理，扩大到包括工程施工的人、财、物和工、运、管全过程的管理；四是向深度发展，要探索一些更深层次的问题，推进"三改一管"，把改革、改制和改组结合起来，抓好管理。深化改革，要求管理工作深化，管理的深化能够保证改革有条不紊地进行，使改革落到实处，观念的更新则是管理深化的保证，这是科学管理的前提条件。

二、明确目标，建立科学的管理机制

科学的产权制度和科学的管理机制，是企业发展的两大支撑条件，二者相互依存，缺一不可。如果只改产权制度，不改内部管理机制，现代企业制度只能是"穿新鞋，走老路"，有名无实。

传统的管理制度是管理者根据工作任务的不同，将企业内部机构分成各司其职的职能部门，将员工细分为工作任务和工种各不相同的岗位，并制定出一系列的规章制度予以保证。这种高度细化的劳动分工，否定了企业经营中粗放式的管理，保证了高度的专业化，促进了技术水平的提高。在一定的生产力发展水平下，高度细

化的劳动分工有着积极的作用。但是，这种管理制度的考核指标重数量、轻质量；重投入、轻产出；重物力和财力、轻人的智力；重完成任务、轻经济效益。这些已成为影响企业发展的重大问题，必须加以改造。

要建立科学的管理制度，首先要摒弃过时的观念、体制和运行机制，把追求单一的发展速度及完成施工任务总额转变为追求成本、质量、服务效益和速度的统一，从管理理念、企业的组织制度、管理体制和运作机制等方面，对旧制度进行改造。通过推进深层次的改革，使企业完全脱胎换骨，实现企业内部的"裂变改制"，达到建立现代企业制度、提高经济效益的目的。

（一）要突出人本管理，建立约束和激励机制

人是生产力最活跃、最积极的因素。我国的经济体制改革是以增强企业活力为中心环节的；想增强企业的活力，就要充分发挥劳动者的智慧和才能。俗话说，事在人为，物在人管，财在人用。企业要实现转机建制，必须切实加强以人为中心的管理，通过优化对职工行为的管理方式，健全约束机制和激励机制，提高职工参与生产经营决策的意识和能力，充分发挥职工的积极性和创造性，为广大职工创造一种能够掌握自己命运、激发潜在能力的文化氛围，创造出自己的管理特色和新意。

（二）要引用先进的管理方法，提高企业管理素质

说到底，"机制"是企业内部各项管理制度的组合，是企业的神经网络。要搞活机制，必须健全、完善企业内部各项管理体制制度，实现其有效、合理的优化组合，而先进的管理方法，则是实现其进行有效组合的前提条件。

三、抓住关键，完善各项管理手段

科学的管理机制，必须依据先进的管理方法和手段来实现和运作，通过改革和完善企业内部管理模式，提高企业管理的整体素质，使机制创新、制度创新、技术创新、管理创新并举，真正实现企业转换经营机制，建立适应市场经济新体制的现代企业制度。

企业管理是一项复杂的系统工程，要发挥其有效功能，必须优化管理系统。为此，要抓住以下几个关键环节：

（一）必须以质量为龙头

工程质量是一个企业综合素质的综合反映，也是施工企业的生存之本。抓住了质量，就抓住了企业内部管理的"牛鼻子"。对施工企业的质量管理，当前要以贯彻

标准为契机，完善质量保证体系，严格控制过程，严格落实内控标准制度，多创精品名牌工程。质量管理是全员、全面、全过程的管理，企业应狠抓质量不放松，从人、机、料、工、管、环全方位到科教、施工生产、工程验交全过程，严格按程序办事。

（二）必须以成本为核心

企业发展的基本目标是追求投资回报，实现效益的最优化。而效益的一个最突出的指标就是利润，与利润矛盾地统一于一体的是成本。作为企业，不论前方与后方，不论机关与基层，一切活动都与成本有关。所以，抓成本管理，首先就要教育和动员全体职工，要提高全体职工的成本意识，确定科学的成本目标，使职工积极参与并监督成本核算和控制，挖掘降低成本的潜力，减支节约，降低消耗。其次，要抓重点、抓大头儿。除了抓住科技进步、降低成本这个大头儿以外，还要抓好对业务招待费、差旅费、低值易耗品、经营收入及各种应收款，以及施工现场等各种要素的管理，要经常对经济活动进行分析，找出升高成本、出现浪费和各种漏洞的真正原因，然后对症下药，果断采取措施加以解决。

（三）必须以制度为保证

企业的规章制度，管理的是工作基础。抓内部管理制度，一是制度要全，做到事事有章可循；二是制度执行要严，做到人人有章必依。不论是质量、安全、环保、档案、财务、物资、计划、劳动、现场等物质文明建设方面，还是政工等精神文明建设方面，都要有系统的、配套的管理制度。同时，应狠抓制度落实。比如现场管理，规定现场物品一定要做到定置化；又如劳动管理，公司实行班组、分公司、项目三级巡查制度，从公司(分公司)领导到工人，上下班都实行严格的考勤登记制度。

（四）必须持之以恒

只有"恒"才能使管理转变为生产力，而半路停步的管理，哪怕再严，都是对管理系统的破坏，是对企业大厦根基的动摇，其后果与不抓管理一样恶劣。要做到"恒"，就要不断强化全员特别是管理人员的管理意识，提高管理人员的素质，从而克服靠外部力量促管理的被动做法，不断改进管理方法和手段，真正做到常抓不懈。

第三节　全面质量管理

全面质量管理这个名称，最先是在20世纪60年代初由美国的著名专家阿曼德·费根堡姆提出的。它是在传统的质量管理基础上，随着科学技术的发展和经营管理上的需要而发展起来的现代化质量管理，现已成为一门系统性很强的学科。近年来，从中央到地方，从政府到企业，我国各行各业针对经济全球化的迅速发展和"入世"所带来的机遇与挑战，对质量工作给予了高度重视，明确了地方政府在产品质量工作中的责任，采取了企业、政府、社会齐抓共管，企业自律、市场竞争、政府监督"三管齐下"，以及"依法治国"等一系列措施，来提高产品质量的总体水平。

全面质量管理是经济领域不可或缺的管理理念，在管理界得到了广泛应用。企业如何提高工作的效率和经济效益以及如何改进产品质量，一直是管理领域研究的热门课题。笔者从全面质量管理的起源、内容、重要性及特点四个方面做具体的理论分析。

一、全面质量管理的起源

全面质量管理是质量管理的高级阶段，它起源于20世纪50年代的美国。长期以来，它在推动企业发展、提高产品质量，以及增强企业竞争力等方面发挥了巨大作用。

随着生产力的发展、技术的进步以及知识经济时代的到来，全面质量管理不断呈现出新的发展动态。全面质量管理是在传统质量管理的基础上发展起来的一种先进的质量管理理念和技术方法，被广泛应用于各个领域，正如美国著名管理学家所说，它已经成为一场"无论工商企业还是公共组织都在发生"的"质量革命"。随着科技的进步和生产力的发展，员工的能动性和参与管理的积极性成为确保企业立足于市场的不可缺少的因素。

二、全面质量管理的概述

全面质量管理最早是由美国的阿曼德·费根堡姆提出的，其核心思想是在企业各部门做出质量发展、保持和改进的计划，以最优质的水平进行生产与服务，取得消费者最大程度的满意，即以顾客为中心，把让顾客满意作为检测质量的重要标准。

全面质量管理概念在世界各国得到广泛的推广和应用，成为各企业提高产品质量、增强企业竞争力的有效途径。

（一）全面质量管理的含义

全面质量管理是一门系统性很强的科学，是一种由顾客的需要和期望驱动的管理哲学，是一种以质量为中心，在全员参与的基础上建立的管理方法，其目的在于使顾客满意、获得组织成员和社会的利益。世界权威公认的全面质量管理概念是美国的阿曼德·费根堡姆于《全面质量管理》一书中首先提出的："全面质量管理是为了能够在经济的水平上，在充分满足用户要求的条件下进行市场研究、设计、生产和服务，把企业内各部门研制质量、维持质量和提高质量的活动构成为一体的一种有效体系。"简单地说，全面质量管理，就是组织企业全体职工和有关部门综合运用现代科学和管理技术成果，控制影响产品质量全过程和各因素，合理高效地生产和提供令消费者满意的产品的系统管理活动。质量不仅取决于各种工序，还取决于企业各个部门的人员。所以，质量的保证要通过全面质量管理来实现。

（二）全面质量管理的内容

1. 内容与方法的全面性

不仅要着眼于产品的质量，而且要注重生产产品的工作质量。工作质量是产品质量的保证。提高工作质量不仅可以保证产品质量的提高，还可以降低成本、及时供货、服务周到，以此更好地满足用户的需求。

2. 全过程控制

对市场调查、研究开发、设计、生产准备、采购、生产制造、包装、检验、储存、运输、销售、为用户服务等全过程进行质量控制。

3. 全员性

企业全体人员，包括领导人员、工程技术人员、管理人员和工人等，都参与全面质量管理，并对产品质量的各方面各负其责。

"把用户需要放在第一位"，牢固树立为用户服务、对用户负责的思想，是企业推行全面质量管理始终贯彻的指导思想和根本原则。在生产现场，则要树立"绝不把任何次品提供给消费者"的观念。

三、全面质量管理的重要性

首先，全面质量管理是一种现代化的质量管理方法，是一种以质量为核心的管理理念，是企业提高自身素质、增强市场竞争力的有效途径，已成为事实上的国际统一思维、统一语言、统一文化，已成为一种世界管理潮流。

其次，全面质量管理又是控制产品质量的现代化管理方法。全面质量管理是系统的经营管理理念，产品的生产往往涉及几百个甚至成千上万个套件，又要经过几十道甚至上百道工序，影响产品质量的因素有很多，一个关键细节的疏忽就可能酿成难以预料的质量事故，因此，产品质量控制已经成为一项复杂的系统工程。全面质量管理又是一门新兴的、与时俱进的管理科学，它把一切能够促进、提高和改进产品质量的自然科学与社会科学的成果吸收、应用到管理中来，帮助人们对产品质量进行定量分析。在生产经营活动中，要用科学说话，及时、正确地为经营决策部门和质量控制部门提供动态质量信息，合理地调整生产系统和控制产品质量。

再次，全面质量管理还要求与产品质量水平相适应的技术基础工作。它包括正确、先进的标准、计量、检验、设计图纸和工艺规范，还包括与产品水平相协调的设备管理、生产环境、工程能力等。现代的专业技术和管理技术是现代化工业生产的两个"轮子"，缺一不可。

最后，全面质量管理最讲究实事求是。它要求所有的数据、图表、曲线等都真实可靠，能反映生产现场的实际情况，能展示工序过程的真实状态。

全面质量管理运行至今天，已成为企业管理的核心内容之一。没有质量，企业就会在市场竞争中走向消亡，企业的质量比企业中的任何领导者对企业的指令都更具有约束力和控制力，是任何人为力量都不可取代的。

四、全面质量管理的特点

全面质量管理是由企业各部门和全体职工参与的，综合运用现代管理技术与方法，通过质量保证体系，对影响产品质量的全过程和各种因素进行控制，以确保产品质量稳步提高的系统管理活动。

（一）全面质量管理的特点

第一，全面的质量。质量不仅包括产品质量，而且包括工作质量。产品质量是企业各部门工作质量的最终体现，工作质量是提高产品质量的基础和保证。

第二，全面的过程管理。产品质量是在企业生产经营的全过程中形成的，因而质量管理也必须渗透到生产经营的全过程之中。

第三，全员管理。产品质量是全体员工工作质量的体现，因而要动员每一名员工积极配合质量管理工作，实行全员管理。

第四，多种多样的管理方法。全面质量管理综合运用多种管理技术和方法，大大提高了管理的科学性。

（二）全面质量管理的基本原则

第一，质量第一的原则。全面的质量是企业在现代市场激烈竞争中的立足点，是企业的生命，因此，必须把质量放在各项工作的首位。

第二，一切为用户服务的原则。全面质量管理是从了解用户需要到经济、有效地满足用户要求的经营性管理。用户满意是产品质量的最高标准。

第三，预防为主的原则。全面质量管理要求"防检结合，预防为主"，把重点放在"事先控制"上，努力做到防患于未然。

第四，一切用数据说话的原则。全面质量管理以质量为依据，全面进行质量分析，把握质量运动的特点和规律，从而有效地进行质量控制，保证了质量管理活动的科学性。

第五，一切按PDCA（Plan，Do，Check，Action）循环管理的原则。PDCA循环管理是全面质量管理活动的标准化程序，按照这个程序开展活动，可以有效地提高质量管理工作的效率。

（三）质量保证体系

质量保证体系是企业在生产经营过程中建立的严密、协调、高效、全面的质量管理系统，包括设计试制、生产制造、辅助生产和销售使用四个过程的质量保证。质量保证体系的运行方式就是PDCA循环，是"计划—实施—检查—处理"这一过程的简称。这4个阶段又分为8个工作步骤，"计划"包括找出现存问题、分析产生问题的原因、找出主要原因、制定改进措施4个步骤；"实施""检查"分别为第5个和第6个步骤；"处理"包括总结经验、找出尚未解决的问题，是第7个和第8个步骤。

质量管理要运用一些统计分析方法，常用的有排列图法、因果分析图法，以及相关图法、直方图法和控制图法等。

第四节　企业财务管理

财务管理在企业经营中具有重要影响。企业财务管理是根据资金运动的规律，遵守国家法律制度，对企业生产经营过程中资金的形成、使用和分配，进行预测、计划、控制、核实和分析，提高资金运用效率，实现资本保值增值的管理工作。本节就此进行简要分析。

一、成本和成本管理

企业在生产过程中所发生的直接费用和间接费用的总和构成产品的制造成本。管理费用、销售费用和财务费用属于期间费用，不能计入产品成本。

成本管理是企业为降低产品成本而进行的各项管理工作的总称，主要包括成本计划、成本核算、成本分析、成本控制等内容，主要包括：在实际成本发生以前，在分析过去的生产经营活动的基础上，调查、了解市场和技术发展趋势，预测产品成本的变化，确定目标成本，制订成本计划；根据成本计划的要求和各种消耗的定额及标准，对实际成本发生过程进行控制，采取有效措施，克服影响成本的不利因素；对生产过程的实际消耗和各项开支进行准确及时的核算，保证实际成本的真实性；对实际发生的成本进行分析，即分析实际成本与定额标准的差异及产生的原因，便于采取有效措施，使成本管理达到新的水平。

二、企业资金筹集

企业资金由两部分构成，一部分是所有者权益，即企业所有者对企业净资产的所有权，包括投入资本、资本公积金、盈余公积金和未分配利润等；另一部分是企业的负债，即企业承担的能以货币计量、需要以资产或劳务偿付的债务，主要有流动负债和长期负债等。

企业资金筹集的渠道主要包括国家投入资金、企业内部积累、金融机构资金、其他法人资金、国外资金、职工和民间资金等。在市场经济条件下，合理筹措资金是企业财务管理的一项重要任务。企业筹措资金的方式主要有争取国家拨款、金融机构贷款、内部积累、发行股票、发行债券、租赁、联营和引进外资等多种形式。

三、企业资产管理

（一）流动资产管理的要求

企业的流动资产，是指可以在一年内或超过一年的一个营业周期内变现或者运用的资产。

流动资产管理的要求为：正确预测流动资产的需要量；合理筹集流动资产运动所需要的资金；科学控制流动资产的占用数量；不断使流动资产的循环与周转提速。

（二）固定资产管理的要求

固定资产是指使用期限超过一年，单位价值在规定标准以上，并且在使用过程中保持原有实物形态的资产。

固定资产管理的要求主要包括：摸清固定资产家底，科学确定固定资产需用量，搞好固定资产投资。正确计提固定资产折旧，使固定资产的有形损耗和无形损耗都能得到合理补偿。切实搞好固定资产的保全，保证固定资产完整无缺。不断提高固定资产的利用率，充分发挥固定资产的效能。

（三）无形资产管理的要求

无形资产是指企业长期使用但没有实物形态的资产，包括专利权、商标权、著作权、土地及矿山使用权、非专利技术、商誉等，具有无实体性、专用性和不确定性等特点。

管理无形资产的要求为：正确评估无形资产的价值，防止这部分资产的流失和侵蚀；按规定期限分期摊销已使用的无形资产；重视无形资产的作用，充分发挥无形资产的效能并不断提高其使用效益。

（四）财务分析

财务分析是运用财务报表数据对企业过去的财务状况和经营成果及未来前景做出的评价。财务分析可以为财务决策、计划和控制提供广泛的帮助。在财务分析中，比率分析是最基本的分析方法，主要分为三类：第一，偿债能力分析，就是通过对企业偿债能力指标的计算和分析，来判断企业负债的安全性和短期负债的偿还能力；第二，营运能力分析，主要是通过一系列指标分析判断企业资金流进、流出速度及销售活跃情况；第三，企业盈利能力分析，主要是通过一系列指标分析判断企业的盈利状况。

四、利润分配

《企业财务通则》规定，企业的利润按照国家规定进行相应的调整后，依法缴纳所得税；缴纳所得税后的利润，除国家另有规定外，按照下列顺序分配：第一，弥补被没收财物的损失，支付各项税收的滞纳金和罚款；第二，弥补以前年度亏损；第三，提取法定盈余公积金；第四，提取公益金；第五，向投资者分配利润。企业以前年度未分配的利润，可以并入本年度向投资者分配。

对于股份制企业而言，按以上利润分配程序提取公益金后，再按以下分配顺序进行分配：第一，支付优先股股利；第二，提取任意盈余公积金；第三，支付普通股股利。

五、财务管理在企业经营中的地位

在国家大力发展经济建设、促进国民经济发展的社会背景下，以财务管理为中心的企业管理成为当今新体制、新经济形势的产物，是社会经济发展的客观必然结果。

我国财务管理从国家对企业的高度集中管理到以企业管理为中心，经历了一个漫长的过程。从财务管理地位的变迁过程我们不难看出企业与社会经济环境的关系。企业成为竞争的主体，必须自主经营、自负盈亏、自我约束和自我发展，使社会资源流向那些资源利用效率高、效益好的企业，最终实现合理配置，使投入的资金不断运动和增值，迫使企业注重运用资金、控制成本和增加盈利。

企业的生产经营活动表现为商品的制造、销售和提供服务，但本质是企业资金的运动和增值的过程。企业生产经营的复杂性，决定了企业管理必须包括许多方面的内容，如技术管理、生产管理、设备管理、物资供应管理、销售管理、财务管理等管理工作，它们既有各自的特点，又相互联系、密切配合，但财务管理是利用价值形式对企业生产经营活动进行的综合管理，抓好了财务管理，就抓住了企业管理的"牛鼻子"。企业要想生存和发展，就必须加强财务管理，充分发挥财务管理的核心作用。

六、企业财务管理的方法

企业要建立以财务管理为核心的管理体系，要服从和服务于经营需要，提高工作效率及经济利益，还要建立健全会计信息和统计信息相结合的电算化管理。

（一）要建立一支符合现代企业发展的会计队伍

这支队伍既要有现代企业的管理观念，又要有管理现代企业的相关知识，还要有管理现代企业的才能。在此基础上确定新的财务管理思路，激励财务人员参与经营管理的全过程，对全过程进行经济监督，开展全过程经济服务，把财务管理渗透到企业经营的全过程。

（二）以预算为主体牵头，实行全面预算管理

在社会主义市场经济体制下，资源配置将变得复杂化，管理功能将更加多样化，只有实行全面预算管理，才能实施有效控制。其主要工作包括：第一，制订企业经营预算；第二，进行有条不紊的预算管理，包括对预算执行情况的跟踪、分析、评价和考核；第三，搞好月度、季度的结算和年度决算。通过预算控制，避免浪费和损失，增产节约、增收节支，确保企业经济效益的实现。

（三）进行资本金的管理，确保资本的保值增值

现代企业的国有资产，是我国社会生产力发展的物质基础，在国民经济中起主导作用。对资本进行管理可以有效地保证企业所有者的权益，使企业各项资本性支出都建立在科学决策的基础上。特别要保证和发挥投资项目的最佳效益，确保资本的保值增值。考核企业资本金保值增值的内容一般包括实收资本、资本公积、盈余公积和未分配利润四个部分，资本金是实现企业自主经营、自负盈亏的前提条件。因此，建立资本金制度，防止企业行为短期化，防止资产流失，维护企业法人的权益，在现代企业财务管理中就显得十分重要。

（四）进行资金管理，提高资金使用效率

资金是社会化大生产和市场经济运行的"血液"。资金周转不畅或短缺，社会活动就会受到阻碍。以资金管理为中心，加强资金管理，加速资金运转，提高资金的增值能力、利用效果，是市场经济对现代企业经营活动的客观要求。

因此，财务管理要以资金管理为中心，充分发挥资金管理的积极作用，防止资金的浪费和损失。

（五）以管理会计为基础，参与企业的经营决策

管理会计是一个对信息进行搜索、分类、汇总、分析和报告的管理系统。现代企业的经营思路不仅在于眼前利益，而且着眼于企业的长远规划和战略思考。财务

管理要以管理会计为基础，建立会计核算体系，以此正确反映企业的理财情况和经营成果。

（六）进行成本费用控制，提高企业经济效益

成本费用控制是指对企业成本费用计划执行过程的监督、检查、纠偏活动，是企业成本费用管理的重要环节。它是保证目标成本和实现成本费用计划的重要措施；是保证成本费用核算真实准确的必要条件；是降低成本费用的有效途径。

（七）理顺财务管理部门与其他职能部门之间的职权关系

在现代企业制度下，根据产权明晰的原则和企业财产委托经营制度的要求，财务部门与会计部门必须是分设的。财务管理部门还要明确划分与企业管理、生产销售和决策等部门之间的职权范围，形成以财务管理为核心、分工明确、相互协调的网络管理系统。

企业财务管理贯穿企业经营的全过程，覆盖企业经营的所有方面，处于企业管理的核心地位。要做好企业财务管理工作，一是靠具有良好素质的财务队伍，二是靠建立科学合理的财务管理体制，三是靠运用先进可行的管理方法。企业首先要转变观念，真正确立财务管理在企业管理中的中心地位，充分认识和发挥财务管理的作用。

第五章 宏观经济管理

第一节 宏观经济管理的特点

在社会主义市场经济条件下,统一、开放、竞争、有序的现代市场体系对宏观经济运行具有基础性的调节作用和推动作用。市场能对社会资源进行有效的配置;能客观地评价企业经济效益的好坏;能自动调节商品供求关系;能及时地反映和传递各种经济信息。

政府在宏观经济运行中也发挥着重要作用:一是政府要参与和组织国民收入的分配;二是政府要购买和消费大量的社会商品,这种行为必然影响社会总供给与总需求之间的平衡关系;三是政府是重要的社会投资主体,政府的投资规模和投资方向对整个国民经济的发展起到举足轻重的作用;四是政府要制定货币政策,控制货币的流通;五是政府作为宏观经济的管理主体,可以通过相应的政策税收等手段调节市场主体的活动,能够对宏观经济的运行进行宏观调控。因此,宏观经济管理具有行政性、总体性和间接性。处理好政府与市场的关系是宏观经济管理中至关重要的问题。

一、宏观经济管理的内涵

宏观经济管理是指以中央政府为主的国家各级政府,为了保证整个国民经济在市场调节的基础上持续、快速、健康发展并取得较好的宏观效益,运用一定经济手段、法律手段和行政手段等,对国民经济总体发展变化及其相应的比例关系进行自觉地引导和调控的过程。

(一)宏观经济管理的必要性

第一,为弥补"市场缺陷",有必要加强宏观经济管理。市场机制不是万能的,是具有内在缺陷的,如市场机制调节的盲目性、滞后性、短暂性、分化性和市场调节在某些领域的无效性，这就需要通过国家宏观经济管理，弥补市场缺陷。

第二，为维护市场秩序，有必要加强宏观经济管理。在市场经济条件下，发挥市场配置资源优越性的条件之一，就是要保证市场竞争的公平性。但单靠市场自发调节，并不能确保市场竞争的公平性，还容易造成市场垄断和过度投机，破坏公平竞争机制，造成市场秩序混乱。政府通过建立、维护和保障市场经济有序运行和公平竞争的制度规范，进行严格的市场监管，保障市场交易的公平性。

第三，为促进国民经济持续、快速、健康地发展，有必要加强宏观经济管理。

第四，为更好地发挥公有制的优越性，有必要加强宏观经济管理。

第五，为维护分配的公平和国家的整体利益，有必要加强宏观经济管理。

（二）宏观经济管理的目标

宏观经济管理的目标是指凡有工作能力并愿意工作的人，都能在较合理的条件下找到适当工作的一种社会状态。充分就业并不意味着"全部就业"和"人人都有工作"。只有非自愿失业才算真正的失业。失业率过高，不仅会造成人力资源的严重浪费，造成失业者及其家庭生活困难，而且会产生社会不稳定因素。因此，控制失业率，实现充分就业，已经成为世界各国政府宏观经济管理的重要目标。宏观经济管理的职能，指国家政府在管理国民经济的过程中应担负的职责和发挥的功能。

社会总供给：指一个国家或地区在一定时期内（通常为一年），全社会向市场提供的可供购买的最终产品和劳务的价值总和。它包括本国或本地区生产活动提供的商品和劳务，进口的国外商品和输入的国外劳务，以及国外要素所得支出净额的部分。

社会总需求：指一个国家或地区在一定时期内（通常为一年）可供投资和消费的社会支出实际形成的产品、服务和购买力的总量。社会总需求按性质划分，可分为消费需求、投资需求和出口需求三部分。

社会总供求平衡：指在一个国家或地区范围内，同一计算口径、同一时期内，社会总供给与社会总需求在总量和结构上相协调的一种经济状态。这种状态包括总量平衡和结构平衡。

社会总供求平衡是国民经济持续、快速、健康发展的前提条件。持续、快速、健康发展国民经济是宏观经济管理的基本目标，而社会供求平衡是国民经济持续、快速、健康发展的前提。在这里，社会总供求量的平衡，保证了国民经济持续有序运行的可行性和现实的可能性；而社会总供求结构上的平衡，则保证了国民经济能按比例协调、健康地发展。

社会总供求平衡是优化资源配置和经济结构的基础。资源配置合理和经济结构优化，是社会经济效益提高的主要保障，也是宏观经济管理的重要目标之一。在社会总供求基本平衡的条件下，国民经济各部门、各行业之间有一个大体平均的利润率，生产要素在各部门间、各行业间的流动处于一种比较稳定的状态，有利于促进社会资源合理配置和经济结构的优化，以及国民经济效益的不断提高。同时，社会总供求基本平衡，也是调整经济结构的有利时机。这时，供给的压力和需求的拉力同在，企业为了获得更多利润，会主动地进行产业结构和产品结构的调整，以更好地适应需求结构的变化。社会总供求平衡是提高城乡居民生活水平的重要保证。在社会总供求基本平衡的条件下，和广大城乡居民生活息息相关的物价基本稳定，就业比较充分，商品供给充裕，服务周到，收入水平稳步增长，居民的物质文化生活水平不断得到提高。社会总供求平衡是实现社会经济发展战略目标的重要条件。任何一个国家都有其社会经济发展战略目标，要保证这些战略目标的实现，就需要良好的社会经济发展环境。只有社会总供求基本平衡，国民经济才能持续、快速、健康地发展，进而在社会经济发展的基础上，促进经济、社会、生态和人的全面发展等诸多发展战略目标的实现。

经济波动：指经济总量扩张与收缩的一种经济运动现象。

经济周期：指因经济波动而使宏观经济运行呈现出"繁荣—衰退—萧条—复苏"的周期性运动过程。

经济周期按波动性质，一般可分为绝对周期和增长周期。绝对周期指经济总量绝对水平的波动，主要表现为经济衰退中经济总量绝对水平的下降；增长周期指经济总量相对水平的波动，主要表现为在经济衰退中经济总量水平增长的同时，经济增长率有所下降。

宏观经济计划是国家为了实现一定的经济发展目标而对未来一定时期的国民经济发展的主要方面所做的总体战略部署和安排，其具有宏观性、战略性、政策性的特点。

宏观经济计划的地位是国家管理和调节国民经济的基本依据，在宏观经济管理体系中居中心地位。宏观经济计划是宏观管理的基本依据。宏观经济计划规定着未来一个时期经济社会发展的基本目标，规定着宏观经济运行的速度、比例和效益等基本走势，一切宏观经济管理活动都要以实现宏观经济计划为主要目标。正是这种计划主导型的宏观管理模式，决定了宏观经济计划是宏观经济管理的出发点和归宿；宏观经济计划是宏观经济管理的中心环节。从宏观经济管理的职能看，宏观经济计划是宏观决策的具体化，体现着事关国民经济发展大局的社会经济发展目标、发展战略、重大方针政策等，决定着事关社会经济发展全局的长期规划、产业结构、区域布局、国家投资、国民经济等重大经济问题，是宏观经济管理的中心职能，在宏观经济管理中居主导地位。其他的宏观经济管理职能，都要服从宏观计划职能，围绕宏观经济计划的实现而展开；宏观经济计划是协调各种宏观经济管理手段的中心。为了实现宏观经济管理目标，需要借助一系列宏观经济管理手段，其中包括计划手段、经济手段、法律手段和行政手段等。这些手段无疑都是宏观经济管理的重要手段，但这些手段想要协调一致、形成合力，共同实现宏观经济管理目标，则必须以宏观经济计划为中心。这是因为宏观经济计划是宏观经济管理的基本依据和中心环节，也是统领各项重大宏观经济管理活动的方向指南。

产业政策是国家根据国民经济发展的内在要求和一定时期内的产业现状及变动趋势，以市场机制的作用为基础，通过调整和优化产业结构，提高产业素质，从而提高供给总量的增长速度，并使供给结构能够有效地适应需求结构要求的政策手段和措施的总称。

产业政策的核心是产业结构的质态升级。产业政策作为落后国家为了赶超发达国家而制定的赶超政策，其核心是通过对产业结构的自觉设计和调整，促进产业结构的高度化和合理化，进而推动国民经济持续、快速、健康发展。

二、财政政策工具

国家预算，即国家财政收入与支出的年度计划。

税收，是国家凭借政治权力参与社会产品分配的重要形式，是政府组织财政收入的重要手段。

公债，即国家信用，是国家举借的内、外债的总称，是国家以信用方式筹集财政收入的一种手段。

购买性支出，即政府利用财政资金购买商品和劳务的支出。

转移性支出，即转移支信，是政府把财政资金的一部分无偿地、单方面地转移到社会保障和财政补贴等方面的支出。

法定存款准备金政策，是中央银行在国家法律赋予的权力范围内，通过规定和调整法定存款准备金率，调节存款准备金和货币乘数，调控货币供应量的一种政策手段。

再贴现政策，是中央银行通过规定或调整再贴现率和商业银行等金融机构向中央银行申请再贴现的票据种类资格，干预和影响货币市场的供给与需求及市场利率，以调节货币供给量的一种政策手段。

公开市场业务，是中央银行在货币市场上通过买卖有价证券活动调节基础货币，从而调节货币供应量的一种政策手段。

三、紧的货币政策和紧的财政政策

这一政策组合也叫作"双紧"政策。"紧"的货币政策主要通过提高法定存款准备金率、再贴现率等收缩信贷支出规模，以及利用公开市场业务减少货币供应量，抑制社会总需求；"紧"的财政政策主要通过增加税收、削减财政支出规模和国家信用，以及财政盈余等来抑制社会总需求的扩张。如果需求膨胀，物价持续上涨，一般应采取"双紧"政策。"双紧"搭配方式对经济的影响与"双松"搭配方式恰好相反，其积极的一面是，可以有效抑制社会总需求，缓解通货膨胀压力；其消极的一面是，在抑制社会总需求的同时，供给也会受到抑制，整个经济有可能陷入萎缩状态。

第二节 宏观经济的总量平衡

宏观经济总量平衡是宏观经济运行的基本要求，也是宏观经济管理的主要目标。社会总供给与社会总需求是宏观经济运行与管理中两个最重要的指标。在宏观经济管理中，宏观经济运行的各种变量最终都要归结为社会总供给与社会总需求这两个总量。通过对这两个总量进行科学的调节和控制，可以促进国民经济的健康、协调发展。

理解社会总供求平衡这一问题，应注意以下几点：第一，总供求平衡不是指绝对相等，而是指两者基本平衡或基本协调；第二，总供求平衡不仅是指静态平衡，更重要的是指动态平衡；第三，总供求平衡既包括总量平衡，也包括结构平衡；第四，总供求平衡既包括短期平衡，也包括长期平衡。影响短期总供求平衡的因素主要有财政收入平衡、信贷收支平衡、国际收支平衡等。

影响长期总供求平衡的因素主要有社会资源的配置状况，技术水平和管理水平的高低，产业结构是否合理，经济管理体制是否科学、合理等。

实现总供求的平衡是宏观经济管理的最终目标。实现总供求的平衡对宏观经济的顺利运行具有重要意义，具体来说包括以下三点：第一，实现总供求平衡是保持国民经济持续、快速、健康发展的基本条件；第二，实现总供求平衡有利于社会资源的合理配置和经济效益的提高；第三，实现总供求的基本平衡有利于对经济体制改革和产业结构的调整。

第三节　宏观经济的周期性波动

经济周期是指宏观经济在运行的动态过程中扩张与收缩的交替变动。宏观经济周期性波动是一种客观的必然现象。

经济周期通过经济增长率、工业生产指数、就业水平、收入水平等综合指标的波动显示出来。经济周期包括萧条、复苏、高涨和衰退四个紧密联系的过程，具体表现为谷底、扩张、顶峰和萎缩四个阶段。

经济的周期性波动，是社会总供求的矛盾及许多其他矛盾共同作用的结果。自中华人民共和国成立后，从经济的历次周期性波动中可以发现，我国经济周期波动主要有以下特点：第一，我国经济周期波动比较频繁，时间间隔不规则；第二，我国经济周期的波动受政府行为的影响较大；第三，我国经济周期波动与固定资产投资及通货膨胀（或紧缩）因素息息相关；第四，我国经济周期波动与不合理的产业结构有很大关系。

经济的周期性波动会影响宏观经济的正常运行，造成经济震荡。为保持国民经济持续、稳定、快速、健康地发展，在宏观经济管理中，需要做到以下几点：第一，要科学地制定宏观经济政策，确定合理的经济发展速度；第二，适当地控制固定资产的投资规模，特别要注意优化投资结构；第三，综合运用各种手段，对宏观经济进行调控。

在经济发展的总体趋势表现为增长的过程中，常常伴随着经济活动的上下波动，且呈现出周期性变动的特征，即经济活动沿着经济发展的整体趋势经历有规律的扩张和收缩。这种现象被称为周期性的经济波动。

一、我国宏观经济周期性波动概述

经济周期波动是现代经济社会的一种普遍现象。马克思在《资本论》中指出，经济周期是"现代工业特有的生活过程"。这种过程实质上反映了宏观经济在运行过程中反复出现的对其均衡状态的偏离与调整过程。按照西方经济学的理论，经济周期是指经济活动沿着经济发展的总体趋势而经历的有规律的扩张和收缩。我国国民经济的发展历程表明，经济增长始终与经济波动相伴而行。特别是改革开放以来，因受世界经济格局、经济体制基础、经济运行机制、经济结构和宏观调控政策等内外部因素变化的影响，我国的经济周期性波动特征更加明显了。

从总体趋势看，波谷的不断上升表明我国经济发展的抗衰退能力增强了；波峰的不断下降表明我国经济在一定程度上减少了扩张的盲目性，增强了发展的稳定性；平均位势的提高表明我国经济克服了"大起大落"，总体水平有了显著提高；周期的扩张表明我国的经济发展有了更强的持续性。总的来说，我国经济的周期性波动处于体制变革与经济增长的相互作用中，波动振幅趋于平缓，经济增长形态有了较大的改善。

二、宏观经济政策变化对银行业产生重大影响

经济发展呈现的周期性波动是客观存在的。只有认识规律、掌握规律、合理利用规律，才能有效促进银行业持续、良性发展，其中，国家根据经济运行状况实施的宏观经济调控，对银行业的影响最深刻。国家宏观经济的调控若按性质来划分，包括放松银根和紧缩银根两种。宏观调控放松银根这一举措对银行的影响是积极的，而宏观调控紧缩银根给银行带来的更多是冲击与考验，其对银行的影响主要体现在以下几个方面：

（一）银行信贷供求矛盾突出

国家实行宏观经济调控后，受国家宏观调控和产业政策调整的影响，银行在减缓发放贷款，特别是流动资金贷款的同时，也加快了清收力度，银行的信贷供给受到压缩，但是由于市场上的信贷需求是刚性的，并没有立即对其进行相应缩减，因此，这种供求矛盾必将影响企业的经营，影响银行的效益，使银行的信贷风险加大。宏观调控对泡沫经济有很大的影响，同时也给银行带来了强烈的冲击。

（二）信贷结构不合理现象加剧

一是大户贷款风险集中问题突出。宏观调控实施后，出于对控制风险的考虑，银行将贷款营销对象进一步锁定在少数规模相对较大、当期效益较好的大型骨干企业上。效益较好的企业如果随着行业景气度下降或新一轮宏观调控的影响而出现问题，会给银行带来集中风险。并且，银行"扎堆"竞争，可能还会带来贷前调查的松懈、贷款条件及流程的简化等违规行为。二是贷款行业结构趋同现象突出。目前，不少银行机构在贷款投向上偏好电力、电信、教育、交通等行业和建设项目，各家商业银行贷款结构趋同现象加剧。这些授信对象大都具有项目工期较长、自有资本较少、资金需求量大、受政策影响较大等特点，存在着严重的风险。三是信贷结构长期化和存贷款期限不匹配等问题突出。"重营销、轻风险""重余额、轻结构"等状况给信贷资产带来隐患。

（三）不良贷款攀升，经营难度加大

一是银行新增贷款对不良贷款率的稀释作用明显减弱。二是企业对资金紧张的心理预期，可能加剧信贷的整体风险。在银根总体紧缩、流动资金供应相对减少的情况下，一些企业担心得不到银行稳定的资金支持，在有还贷能力的情况下"惜还"或"拒还"贷款，增加了银行的贷款风险。一些企业在银行收回贷款、原材料涨价和应收账款增加的夹击下，可能会面临资金链条断裂的危险，影响企业的正常经营，进而影响到上下游企业和关联企业的经营，最终可能引起整个银行业金融机构不良贷款的上升。此外，银行受资本约束限制，正在或准备对部分授信客户实施压缩或退出策略，如果方式不当或力度过大，也可能产生连锁反应。三是考虑到宏观调控措施对一些行业和企业影响的时滞因素，潜在风险将会在更长一段时间内逐步显现出来，不良贷款在一定范围内可能有所反弹。

作为经营货币特殊的金融企业，银行是典型的宏观经济周期行业，不管是遇到利率、汇率变动，还是遇到全球经济波动，银行都将首当其冲，暴露在风险之下。在我国间接融资占主体的融资框架下，商业银行信贷资产在不同的经济周期，面临的风险也大相径庭。在经济繁荣时期，因为企业盈利情况良好，贷款质量往往不会出现问题；但在经济衰退时期，除直接影响银行经营收入外，还可能因为企业经营与效益受到了较大影响，而给银行带来新一轮的不良资产。此外，商业银行贷款规模的扩大成为我国固定资产投资高速增长的重要推动力量，但在经济过热后，随之而来的宏观调控，又使银行成为风险的重要承担者，银行信贷规模增长速度和投向

受到"压制",必将给银行的经营带来较大的风险。

三、银行业应对经济周期变化的对策

(一)加大对经济形势和国家宏观政策的研究

建立宏观经济周期变化的提前反应机制,建立服务于决策层的专门机构,并由其负责研究国家的财政政策、货币政策、产业政策等宏观政策。加强对宏观经济运行情况的分析,把握金融监管当局的政策取向,了解全国各地区的经济发展情况,提出商业银行业务发展的重点区域、行业的规划。密切关注国家产业政策的变化,加强对行业及其信贷投放的跟踪分析,准确把握贷款投放行业的发展前景、市场空间及市场容量,强化对行业信贷授信总量的研究与控制,并以此为基础建立提前宏观经济变动的反应机制,化解宏观经济周期波动造成的系统风险,避免因与国家或监管当局的政策相抵触而导致的政策风险,从战略高度确定银行业务发展的重点方向。

(二)调整优化信贷资产结构,建立适应宏观经济周期变化的"最优"资产组合

要弱化宏观经济周期变化的冲击,关键要转换存量,优化增量,增加宏观政策支持或景气上升期的行业的信贷资产,减少受宏观调控影响大或处于景气下降期的行业的信贷资产,建立一个多元化的有利于风险分散与效益最大化的资产组合。

1. 结构性调整新增资产

从总量入手,着力解决结构性问题,一方面,控制部分行业的过度投资和盲目发展;另一方面,大力支持和鼓励一些薄弱行业的发展。在政策上,即使对于过热行业,也不能"一刀切",对该控制的要坚决控制,对该支持的要大力支持。结构调整主要应从以下三个方面着手:行业结构调整、客户结构调整和资产结构调整。

2. 针对性优化存量资产

对于经济周期转向萧条或者经宏观调控而使风险程度增加的贷款要执行信贷退出政策,将风险性贷款转换为现金或者较为安全的贷款。对已经转化为不良资产的贷款,要转入不良资产的处置程序。对风险程度较高、出现一定支付危机的企业,应果断停止对其贷款,并通过采取多种措施积极回收贷款。对无法回收贷款的企业,要采取资产保全措施。对出现风险因素但还有正常的现金流量和支付能力的企业,要以收回贷款为导向,采取以进促退、逐渐退出的策略,通过增加贷款、增加抵押

物和担保的形式来保证贷款的安全。在信贷退出的时候，可以借鉴国外经验，采取贷款交易、出售贷款的形式解决问题。

（三）加强利率风险管理，构建顺应宏观经济形势的资产负债管理体系

1. 经济周期与利率的关系非常密切

一般来说，周期萧条阶段的利率水平最低；当经济走向复苏时，利率开始缓慢回升，繁荣阶段达到最高水平。随着我国金融体制改革的进一步深入，利率市场化成为我国金融市场的改革方向，利率管理必将对商业银行经营与发展产生深远的影响。商业银行应审时度势，强化利率风险管理，及时调整自身的经营战略，实现持续、健康、高质量的发展。

2. 建立科学高效的利率定价机制

强化利率管理分析，科学、准确地预测利率变动的方向、水平、结构和周期特点等，形成对金融市场的快速反应能力，尽量减少因利率变化而引起的负面影响。不断改进利率定价方式，根据金融市场的总体利率水平，以及资本成本、贷款费用、贷款收益、风险差异、同业竞争情况等因素，确定全行业的基准利率，并根据不同的市场及客户信用状况授权一定的浮动幅度，提高利率管理的效力。

3. 建立完善利率风险控制体系

强化管理，建立严格的利率管理规章制度，规范操作行为。加大对利率执行情况的调查、检查和监督力度，防范利率风险。

构建以利率风险管理为核心的资产负债管理体系。强化利率风险管理意识，逐步确立利率风险管理在资产负债管理中的核心地位，确保资产与负债总量的平衡和结构的对称。明确有关部门在对利率风险的管理规划、识别、计量、监控、评价等方面的权利和职责，引入利率敏感性分析和缺口管理技术，建立利率风险限额管理体系，确保利率风险头寸控制在可以接受的范围之内，把利率变动造成的负面影响降到最低，确保商业银行经济效益的稳步提高。

（四）建立全方位的风险监管体系，加强对宏观经济周期变化的风险控制

建立完善的风险管理体系，切实防范和化解金融风险，既是银行风险管理的重中之重，也是应对经济周期变动、实现可持续发展的一种现实选择。

1. 建立前瞻性的风险监管体制，加强风险预测

以周期为基础来评估信贷资产的当前风险和未来风险，预测信贷项目的违约概

率和未来可能发生的消极影响,并理性地支持业务发展的要求,根据宏观经济形势、竞争态势,及时调整风险管理政策、程序和方法,全面提高风险管理政策的前瞻性与适应性,提高风险管理的效率和有效性。

2. 建立立体化的风险监控体系,加强风险管理

进一步完善公司法人治理结构,明确董事会与经营层之间的权利和责任。董事会通过风险管理委员会管理整体战略决策;通过独立而权威的风险管理部门,实现对银行内各机构风险的统一管理;通过科学完整的风险识别、衡量、监测、控制和转移,实现对风险的全过程监理;通过合理、明确的职能划分,实现风险管理职责在各业务部门之间、上下级之间的有效协调和联动管理。

3. 建立完善的风险准备制度,提高抗风险能力

国际上的大银行都把风险准备制度作为防范风险损失的最后堤防和生存的保障。当前,我国商业银行的风险管理体系并不完整,风险管理水平也不高,风险准备制度对于银行的持续经营就更为重要。因此,商业银行应当利用宏观经济繁荣的有利时期,建立足够的风险准备金,抓住盈利空间扩大的机遇,提高拨备覆盖率和资本充足率,防止未来的风险损失给银行的持续经营带来影响。

(五)利用经济周期变化,提高不良资产的处置回报率

经济衰退期往往是不良资产大量暴露的时期,也是商业银行急于处置不良资产的时期。但是,有一个事实是客观存在的,即一些行业或项目在这个经济周期是不良资产,到下一个经济周期可能又转化成了优良资产,这里存在处置不良资产的时机问题。因此,金融业必须要把握好经济周期变化的规律和特点,善于利用经济周期变化处置不良资产。要建立一种评估和盘活机制,对一些看准的行业或项目,宁可牺牲资金的时间价值,也不可盲目处置。

(六)加快金融创新,增强适应宏观经济周期变化的竞争能力

创新是企业生存与发展的动力。如今,在金融创新的实践过程中,产生了前所未有的新工具、新技术和新市场,很大程度地革新了金融业传统的业务活动和经营方式,改变了金融总量和结构,促进了金融和经济的快速发展。在传统的银行经营理念下,银行经营更多体现在存、贷款业务上,业务的单一、产品的匮乏,导致银行业受经济周期变化的影响极大,如果排除国家信誉这一保障因素,在经济剧烈波动的情况下,银行经营将难以为继。因此,银行业必须加大业务创新方面的研究力度,不断探索出趋利避害的产品和措施,以更好地适应经济周期的变化。

1. 经营模式创新

简而言之，经营模式创新就是要加快发展投资银行业务，实行混业经营。所谓混业经营，是指商业银行经营保险、证券等金融业务；广义上是指银行除经营保险、证券等金融业务外，还持有非金融公司的股份。按照当前我国金融发展的实际情况，银行可以采用金融控股的模式进行混业经营，满足多元化的经营需求。当务之急是要大力发展投资银行业务，利用我国资本市场发展的有利时机，将证券筹资者、投资者、券商、基金及其他中介机构作为重点，为证券发行、证券交易、融资融券、委托代理等方面提供服务，同时要注意为今后进一步的混业经营积累经验。等时机成熟以后，有选择地通过控股子公司，经营保险、证券等金融业务。

2. 业务方式创新

随着外资银行的进入，国内银行垄断竞争的态势进一步被打破，传统资产负债业务的利润空间将进一步被压缩，银行不可避免地要进入微利时代。因此，必须加大业务创新力度，以创新应对经济周期的变化和市场竞争的变化。业务方式的创新包括资产业务创新、负债业务创新、表外业务创新等方面。

3. 品牌管理创新

现代金融市场竞争是品牌竞争。一般来说，品牌不随着经济周期的变化而变化，是银行刚性的竞争力，也是银行应对经济周期变化甚至是经济危机冲击的最稳定的基础。要想让品牌具有长久旺盛的生命力，就要制定并推广品牌战略，通过持续不断的创新，促进产品更新、换代升级，培育新的品牌增长点，不断提高银行的竞争力和品牌价值。

第四节　宏观经济管理的主体

宏观经济管理的主体是国家各级政府。政府宏观经济管理职能是指政府凭借一定的行政权力和生产资料所有权，在宏观经济管理中所行使的职责和发挥的功能。根据社会主义市场经济体制的要求，我国政府的宏观经济管理职能主要指宏观决策，即从宏观经济发展的总体要求出发，研究整个国民经济发展的目标、战略、方针和政策以及宏观计划。

一、政府在宏观经济运行中的职能

根据国民经济的发展目标，制定和实施国民经济和社会发展的长短期规划。宏观调节，即运用各种政策和手段，协调国民经济发展的重大比例关系，协调各方面的利益关系；宏观监督，即通过制定各种法规，维护社会和经济秩序，促进宏观经济目标的实现；宏观服务，即通过信息提供、公共设施、社会保障等各种服务，为企业生产经营和人民生活创造良好的环境。

（一）政府在宏观经济运行中的基本职能

1. **维护产权制度**

对产权的明确界定及保护，是市场经济存在与发展的基本前提。因为，市场经济是一种交换经济，交换的顺利实现保证市场经济的正常运行，必须以产权的明确界定为基础，以保护产权为条件。实践证明，市场经济越发展，经济关系越复杂，产权界定和保护越重要。我们看到，现代国家的宪法把保护财产权作为一项重要原则加以明确，但是在实践中，产权界定问题并没有被完全解决。在市场经济不断发展的过程中，会形成新的产权关系，出现新的产权问题，使产权界定和保护的难度加大，如公共产权问题、知识产权问题等，都需要以新的思路探索新的解决办法。

2. **维护市场秩序**

市场经济是竞争经济。在市场经济条件下，逐利或追求利益的最大化，是商品生产者和经营者的直接动机，而为了实现利益的最大化，可能出现不择手段的竞争，导致市场无序和经济振荡，使市场经济无法正常运行。另外，市场竞争作为优胜劣汰的过程，其结果是市场份额逐步向少数优势企业集中，最终，市场被少数乃至单个企业所控制，形成垄断。而在垄断条件下，垄断企业不必通过改进技术、降低成本、加强和改善管理等手段获得利润，只要控制垄断价格，就可以获得垄断利润，结果使经济发展失去活力和动力。可见，无论是无序竞争，还是垄断，都不利于市场经济的健康发展。为此，作为宏观经济管理主体的政府，必须从经济发展的全局出发，承担起维护正常市场秩序的责任。通过制定规则，约束市场竞争主体的行为，对任何破坏市场秩序的竞争行为实施打击；通过制定法律，限制市场垄断行为，保持市场竞争的活力。

3. **提供公共产品**

经济管理学家认为，通过强制性法规来阻止厂商倾销商品是可能的；鼓励公共品的生产，对政府来说是困难的。公共品包括国防供应品、灯塔、天气预报、环境保护、公路网的建筑、基础科学和公共卫生的支持等，其中涉及的利益非常广泛，涉及全体居民。因为公共品的私人生产通常是不充足的，所以，政府必须介入公共品的生产。一般说来，公共品的生产和提供必须由政府负责，特别是社会公用基础设施。例如，邮政、通信、交通、港口、大型水利工程等，在我国，基本上只能由政府或国有企业承担。虽然在西方发达国家，某些公共品的生产和提供大量地采取了"私营"方式，可是它们还是离不开政府管理指导和政策支持。

4. 调节社会总供求关系

社会总供给与总需求的平衡，是市场经济正常运行的根本条件。社会总供给与总需求的平衡，实际上包括相辅相成的两个方面，即总量平衡和结构平衡。总量平衡是结构平衡的前提，结构平衡是总量平衡的基础。在自由竞争的条件下，社会总供求的平衡是通过市场机制的自发作用实现的。但实践表明，由于市场机制的作用具有盲目性，因此，仅靠市场的自发作用保持社会总供求的平衡是非常困难的，而且要付出沉重的代价。作为市场活动主体的企业，其地位具有局限性，很难通过全面掌握经济活动信息来正确预测和把握整个经济发展的方向和趋势，并使自己的投资行为与之相符合。当这些盲目的行动在一定条件下汇集成强大合力的时候，经济失衡就不可避免地发生了。为了避免出现严重的经济失衡，或一旦失衡能尽快恢复平衡，就需要由了解和掌握经济发展全局的政府对社会总供求关系进行主动调节。

（二）政府在市场失灵领域中的职能

1. 抑制垄断势力

经济学理论认为，企业规模大会带来效率，但它也会带来市场权势。竞争的自由可能蜕变为串通的自由或吞并竞争对手的自由。所以，政府需要采取措施来抑制垄断势力。政府常常控制垄断企业的价格和利润，如对地方公用事业的控制，禁止合谋定价和价格歧视。

2. 控制外部效应

当社会人口更加稠密，且能源、化学制品和其他原材料的生产量更快地增长时，负数溢出效应（或负外部效应）就由微不足道的损害演变成为重大威胁。政府必须制定相关法规（如反污染法、反吸烟条令）来控制外部效应，如空气和水的污染、不安全的药品和食品，以及放射性的原材料，这就是政府参与的意义。

3. 促进社会财富公平分配

市场经济既然是以承认差别为前提的竞争经济，那么在竞争基础上出现收入差距甚至收入差距不断拉大就是一种合乎规律的经济现象。必须看到，没有收入差距就没有效率，否定收入差距，就不可能有真正的市场经济。但是，收入差距过分拉大，反过来会影响效率，影响经济的稳定发展，进而导致社会两极分化及不同阶级和利益群体的严重对立。所以无论在资本主义市场经济条件下，还是在社会主义市场经济条件下，单靠市场机制来调节收入分配，无法形成既能促进经济效率不断提高，又能促进社会和谐稳定的、公平合理的社会分配关系。市场调节的不足，需要由政府主导的收入再分配来弥补和纠正。政府的收入再分配职能，主要通过财政收支来实现；随着政府收入再分配职能的系统化、规范化发展，社会保障制度逐步建立健全起来，成为政府对收入分配关系实施调节的重要途径。

（三）政府在开放经济中的职能

在开放的经济条件下，后进国家在经济发展中所面临的首要任务是赶超先进国家。从历史上看，先进国家被后进国家赶超的例子不少。作为近代经济史上的第一个先进国——英国，其经济霸权地位最终被美国这一后进国所取代，而后又被众多其他后进国相继超越；在"二战"之后的初期，美国经济占据全球经济的主导地位，经过几十年的变化，日本和德国都缩小了与美国的差距，而今天的日、德两国又开始面临其他后进国家的赶超。我国政府正确地认识到我国作为后进国所面临的优势与劣势，并认识到在相应的赶超过程中扬长避短是最为重要的。我国政府在以下几个方面发挥其积极的干预作用：

1. 根据国际贸易条件，确定合理的主导产业

根据国际贸易条件，确定合理的主导产业，通常需要考虑这样一些因素，即国际上先进国已有生产者的竞争力所带来的劣势、国际市场的有利条件、国内要素的结构。只有如此，才能建立起一批能够参与国际竞争的主导产业，并通过国际贸易获得利润实现资本积累，进而增加就业机会，带动国内其他相关产业的发展。当已经建立起来的主导产业的市场（国内外）趋向于饱和时，便需要采取果断措施进行产业的调整，以便通过主导产业的更新换代来保持不衰的国际竞争力。

2. 吸收先进国的资本和技术优势，加快经济发展

当然，吸收的先进国的技术要符合本国的禀赋结构和产业特征，对于不合适的则要加以改进。吸引外资发展本国经济被证明是一条可行的途径，但外资所有者与后进国政府在合作中必然存在利益的矛盾，如何管理外资、发展本国产业，是个关键的问题。

3. 为国内企业家参与国际竞争提供必要的支持

开放经济使国内市场与国际市场连在一起,如果没有政府给予企业家必要的支持,那么国内企业无论是在国内发展,还是向国外投资,都将面临很大的风险。

4. 建立符合我国的制度安排并使这些制度安排与国际接轨

使我国的制度尽可能地与国际接轨,主要有以下两个方面的好处:一是可以提高国际竞争力;二是可以减少对外开放的交易费用。

(四)政府在经济转型期的职能

这些国家的政府在市场经济的建立、完善和管理上,在社会环境的改善等方面有许多特殊的工作要做,主要包括:

1. 推动市场体系的建立和完善

市场体系是无法完全靠自然、自发的力量,不花任何代价就能在短期内实现的。当市场体系尚未建立和完善的时候,如果政府不发挥积极的作用,可能会导致更多经济问题和社会问题的出现。因此,政府不仅要积极推动社会变革,还要尽快促进市场体系的形成和完善。

2. 促进社会保障体系的形成

在经济转型国家中,与市场体制相适应的社会保障体系往往不健全。尤其是像中国这样一个人口大国,原来在社会保障方面的基础比较薄弱,依靠的是国有企事业单位的微薄力量来维持人员就业及其基本生活保障。而大量国有企业经营效率低下,在改革中,企业的破产、兼并、重组等必然会造成人员的裁减,导致剩余劳动力大量流向社会,失业人员队伍迅速扩大,这就向我国的社会保障体系提出了挑战。不解决好这些问题,就不能保持社会的稳定,就会影响改革的顺利进行。因此,建立、健全我国的社会保障体系,积极筹集和合理分配养老金、失业金、医疗保险金、贫困救济金等,单靠企业或个人的力量是难以做到的,政府在其中有着任何社会组织都无法替代的作用。

3. 国有资产的有效管理

在原来坚持计划经济体制的国家中,国有资产都有相当大的规模,国有经济一般占据着国民经济的主导地位。因此,在改革的过程中,防止国有资产流失,实现国有资产保值和增值,提高国有资产的运营效益,是政府义不容辞的责任。

4. 自然环境和社会环境的治理

环境是一种公共物品。在许多国家(尤其是像中国这样经济持续快速发展的国家)的发展过程中,自然环境和社会环境都有不同程度的恶化,这实际上是对未来的一种"透支",人们不但要忍受环境污染和社会秩序恶化所带来的种种短期后果,还将在未来为此付出更高的代价。因此,从长远和全面的角度来看,政府应该责无旁贷地对此采取积极的管理措施。

二、政府管理经济的有限性

宏观经济管理作为市场经济的内在机制,能对市场经济的稳定健康发展起到重要的促进作用。但是,宏观经济管理作为一种政府的主动行为,有着其本身的局限性,不可能解决市场经济运行中的所有问题,会出现失灵等问题。由于政府所具有的全局性的特点,因此,它的失灵往往会给社会经济造成比一般市场失灵更严重的资源浪费。

(一)政府失灵的基本含义

政府失灵是指政府行动不能增进效率,或政府把收入再分配给那些不应当获得这些收入的人。

(二)政府失灵的原因

导致政府失灵的原因是多种多样的,下面从四个方面做一些简单的分析:

1. 政治决策失误

政治决策作为非市场决策,有着不同于市场决策的特点。市场决策以个人作为决策主体,以私人物品为对象,并通过完全竞争的经济市场来实现;而政治决策则以集体作为决策主体,以公共物品为对象,并通过有一定政治秩序的政治市场来实现。因此,政治决策是一个十分复杂的过程,存在着种种的困难和障碍,使政府难以制定并实施好的或合理的决策,从而导致政治决策的失误。具体来说,导致政治决策失误的主要因素有:

(1)公共决策失误导致的政府失灵。政府很多重要的决策过程太复杂。我们从公共物品的生产和供应上就可体会到,这种决策过程有时不仅过程复杂,还缺乏真实的信息。如果政府要恰到好处地提供公共物品,就必须准确地了解消费者的个人偏好,否则将无法实现资源的最优配置。为了解决这些问题,从理论上,可以通过提供经济激励的机制来"诱使"人们说真话,但是迄今为止,人们还未能找到在实践中切实可行的行动方案。因此,复杂的决策问题和复杂的决策过程就可能导致决策出现失误。

(2)决策信息的不完全性。决策信息的获取总是困难而且需要成本的,因而许多政策实际上是在信息不充分的情况下做出来的，这就很容易导致决策失误。

（3）决策实施过程导致政府失灵。除由公共决策失误和决策信息的不完全性导致的政府决策失灵之外，政府在决策的具体实施过程也经常会因为受到各种干扰而无法达到预期的目的，如有法不依，有禁不止，上有政策、下有对策等。

2. 政府的过度膨胀

政府过度膨胀是由下列原因造成的：

（1）政府官员追求政府机构规模的最大化；

（2）政府官员的行为不受产权的约束；

（3）政府官员的行为不受利润的支配；

（4）对政府部门的监督乏力；

（5）政府机构的高度垄断性。

3. 分配的不平等

市场活动会导致收入或财富的不平等，而意在克服市场分配不平等的国家干预本身也可能产生权力集中与收入上的不公平分配现象。任何一种国家干预，都是一部分人将手中的权力强加到其他人的头上，总是有意地、不可避免地将权力交给一些人而不交给另一些人。由于权力分配不公，政府官员甚至在寻租过程中充当主动者，进行所谓的"政治创租"。寻租活动并不能增加任何新产品或新财富，却会导致经济资源转移，导致国家干预失败。试图重新分配收入的政府决策亦有可能造成不平等，如在貌似严格公正的累进税制下，一些富人可能比一些穷人更容易逃避税收。

4. 寻租活动导致的政府失灵

人类追求自身经济利益的行为大体可分为两类：一类是生产性的、可以增进社会福利的活动，即寻利活动，如生产、研究、开发活动，以及在正常市场条件下的公平交易活动等。寻利活动寻求的是社会新增的经济福利，其本身对整个社会有益，因为它能够创造社会财富。另一类是非生产性的、不会增加，甚至还会减少社会福利的活动，即寻租活动，如赌博、行贿、游说、偷盗、抢劫等。寻租活动本身不会增加社会财富的总量，只能引起社会财富的转移、重新分配以及资源的非生产性耗费。寻租活动的后果有以下几点：

（1）造成了经济资源配置的扭曲，阻止了更有效的生产方式的实施；

（2）这种活动本身白白耗费了社会的经济资源，使本来可以用于生产性活动的资源被浪费了；

（3）这些活动还会导致其他层次上的寻租活动。

由此可见，寻租活动之所以会导致政府失灵，主要是因为它导致了经济资源配置的扭曲，因而成为资源无效配置的根源之一。

（三）避免政府失灵的对策

当市场机制在一国经济运行中占上风时，由此产生的市场缺陷令人想起政府调控这只"看得见的手"；而当政府调控占据主导地位时，政府失灵又促使人们重新寻找市场那只"看不见的手"。政府与市场并非水火不容，它们更多时候是相辅相成、共同发挥作用的。这一点我们可以在探究避免政府失灵的对策时清楚地看到。

1. 进行宪制改革

美国公共选择学派的代表人物詹姆斯·布坎南认为，要改进政府的工作，首先必须改革规则。公共选择学派没有直接提出具体的建议让政策制定者选择，而是着重从立宪的角度分析政府政策制定的规则和条件，为立宪改革提供一种指导或规范建议，从而使政策方案更为合理。

2. 在公共部门引入市场机制

经济学家们设想，通过在公共部门引入市场机制来消除政府的低效率。其具体设想有：设置两个或两个以上的机构来提供相同的公共物品或服务，使这些机构之间展开竞争而增进效率；借用私营部门的奖惩机制，根据工作实绩给予特别"奖金"，并允许政府机构的负责人把本机构的"结余资金"用于"预算以外"的"投资活动"，以刺激和发挥政府机构及其负责官员的积极性；将某些公共物品的生产承包给私人生产者，以便更多地依靠市场经济来生产社会所需的公共物品。此外，还可以加强和鼓励地方政府之间的竞争来提高地方政府的工作绩效。

3. 引入利润动机

在国家机构内建立激励机制，使政府官员树立利润观念，允许政府部门对财政剩余行使某种自由处置权。当然，这种利润动机容易造成虚假的或损害公众利益的节余，因此必须在引入利润动机的同时加强监督。

4. 对国家的税收和支出加以约束

政府活动的支出依赖税收，因此，对政府的税收和支出加以约束，可以从根本上限制政府的行为范围，抑制政府规模的过度增长和机构膨胀。这种约束可以从政府预算的程序和预算的数量两个方面入手。其中，预算的程序要求在批准程序上保持收支平衡；预算的数量要求政府收支增长直接与国民经济再增长相联系。

第五节　宏观经济管理的目标

宏观经济管理的目标是指，在一定时期内，国家政府对一定范围的经济总体进行管理所要达到的预期结果。实现总供求的平衡是宏观经济管理的最终目标。根据我国国情，在社会主义初级阶段，我国宏观经济管理的总目标可概括为：在充分发挥市场调节作用的基础上，通过正确发挥政府的宏观经济管理职能，保持国民经济持续、快速、稳定、健康地发展，不断提高人民群众的物质、文化生活水平。

从我国社会制度、经济体制和目前的国情出发，我国宏观经济管理目标总的概括应是，在有利于发挥市场基础调节作用和企业自主经营、增强活力的情况下，通过正确发挥政府的宏观经济管理职能，保证整个国民经济持续、快速、健康地发展，以达到不断取得较好的宏观效益、提高人民物质和文化生活水平的目的。宏观经济管理的目标包括四个方面的内容：

一、经济稳定目标

党的十四大确定了宏观经济调控是社会主义市场经济的重要组成部分。党的十六大明确地将促进经济增长、增加就业、稳定物价和保持国际收支平衡，作为宏观调控的四大主要目标。党的十七大报告又进一步提出增强发展协调性、努力实现经济又好又快发展的新要求。实现这些目标，对完善社会主义市场经济体制，全面建成小康社会具有重要的意义。宏观经济管理目标是宏观经济管理的出发点和归宿，也是宏观经济决策的首要内容。宏观经济管理目标主要有经济稳定目标、经济增长目标、宏观效益目标、生活水平目标等。

（一）经济总量平衡

主要是指社会总供给与社会总需求在总量和主要结构上的基本平衡。其中，总量平衡主要是指一定时期内国内生产总值和国外商品、劳务输入与投资需求、消费需求和国外需求的平衡。结构平衡主要是指投资品与投资需求、消费品与消费需求的平衡。在宏观经济调控中，经济总量能否平衡是一个主要矛盾。抓住这个主要矛盾，控制住经济总量，就不会造成大的经济波动，从而引导整个国民经济健康运行，为微观经济创造合理顺畅、公平竞争的宏观经济环境。通过对我国近些年的经验数据进行分析后可知，我国社会总供需差率一般要控制在5%左右。

（二）国际收支平衡

国际收支平衡主要是指一国对其他国家的全部货币收入与货币支出持平或略有顺差或逆差。货币往来是指经济交易，国际经济交易按其性质分为自主性交易和调节性交易。随着对外开放政策的深入贯彻，我国经济对外联系日益扩大，使对外经济关系出现了新变化，主要表现为国际收支平衡与国内经济稳定增长。国内经济平衡与国际收支平衡存在着相互依存、相互制约的关系。国内经济可以把不平衡的矛盾适度转移到国际收支环节，以利于维持国内经济在一定时期内的稳定增长。例如，当国内供给不足出现通货膨胀时，从国外增加输入商品和劳务，扩大进口，可在短期内通过国际收支渠道缓解国内经济供不应求的不平衡状况。国际收支矛盾也会反过来影响国内经济的稳定增长。

（三）物价稳定

物价稳定主要有三种含义：一是指物价总水平的稳定；二是指主要商品，特别是某些主要消费品的物价总水平的稳定；三是指物价上升水平稳定地低于居民平均收入增长的水平。衡量物价总水平的相对稳定的主要指标是物价总指数。我国市场经济的价格机制绝不是政府对价格撒手不管。物价总指数呈现上升趋势，使各种商品的比价在动态中发生变化，有利于价格体系的改革，有利于经济结构的调整，但价格改革必须在国家宏观调控之下，以防引起通货膨胀。只要物价上涨的幅度在社会可容忍的范围内，且年率不超过3%～5%，即认为物价稳定。

二、经济增长目标

宏观经济管理的目的不仅是要稳定整个国民经济，更重要的是还要促进国民经济不断发展。

（一）投资规模适度

这是影响经济增长的直接因素。所谓适度，就是既能满足一定的经济增长需要，又充分考虑一定时期内人力、物力、财力的可能。

（二）产业结构合理

产业结构合理，经济良性循环，经济效益提高；反之，则经济运行阻滞，经济效益下降。产业结构的调整途径主要有两条：一是调整投资结构，通过增减对某种产业的投资而影响其发展速度；二是改变现有企业的生产方向，促使一些企业转产。

（三）科学技术进步

要促使经济增长，必须要重视科学技术的发展。

三、宏观效益目标

宏观经济管理所追求的效益是指宏观效益。

（一）宏观经济效益

宏观经济效益既表现为一个国家在一定时期内国民生产总值或国民收入的增加，又表现为一个国家在一定时期内人民物质文化生活水平的总体提高。宏观经济效益是国民经济各部门、各单位微观经济的综合。因此，一般情况下，宏观经济效益与微观经济效益是统一的，但在有些情况下也存在矛盾。因为有些经济活动从局部看来是合理的，但从全局看来是不合理的，所以其局部经济效益的提高就不会促进宏观经济效益的提高。这时，国家政府就要运用一定的宏观经济管理手段，引导其行为，使微观经济效益与宏观经济效益尽量达到统一。

（二）社会效益

社会效益是指在经济发展中，某些经济行为，如产品的生产、利润的增加、技术的采用等，对整个社会的发展和进步所产生的作用和影响，主要表现在精神文明建设方面。如果某些经济行为对社会发展和进步，以及人类精神文明建设有积极的作用和影响，就被称为正社会效益，否则就是负社会效益。进行宏观经济管理，不仅要追求较好的宏观经济效益，而且要追求较好的社会效益。

（三）生态效益

生态效益是指经济发展对生态平衡、环境保护所产生的影响。现代化生产为自然资源的合理开发创造了条件，但是也为环境污染和生态平衡的破坏提供了可乘之机。环境保护、生态平衡是关系到资源再生和人类生存的大事，因此，在宏观经济发展中不仅要追求经济的快速发展、先进技术的采用和劳动效率的提高，而且要注意生态效益，使经济发展有利于环境保护和生态平衡。

四、生活水平目标

最大限度地满足整个社会经常增长的物质和文化需要是社会主义的生产目的，

也是宏观经济管理的最高目标。在整个国民经济发展的过程中，经济稳定、经济增长和宏观效益的提高都是人民物质文化生活水平不断提高的直接影响因素和前提条件。

（一）提高民族素质，适度控制人口

要使人民物质文化生活水平不断提高，一方面，必须要通过发展经济提高国民生产总值和国民收入的水平；另一方面，也要控制人口的增长，提高民族素质。否则，如果人口增长速度超过国民生产总值或国民收入的增长速度，那就意味着人均国民生产总值或人均国民收入的下降，意味着人民物质文化生活水平的降低。

（二）充分就业

充分就业通常指凡有能力并自愿参加工作者，都能在较合理的条件下，随时找到适当的工作。一般把失业率低于5%看作该社会能够充分就业。在市场经济下，可以有失业，可以有下岗，优胜劣汰。但是，下岗不是目的，政府要通过再就业工程，使下岗职工找到适合自己的工作，并使其有竞争压力。我国的劳动就业问题比较突出，必须认真对待，它不仅关系到经济的发展，而且是实现社会安定的重要一环。

（三）公平分配

市场机制不可能自动实现社会公平，它只能在等价交换的意义上体现机会均等的平等精神。一方面，我们要利用市场机制，将利益得失当作竞争的动力，鼓励一部分人靠诚实劳动、合法经营，先富起来，推动社会进步；另一方面，也要重视我国目前还处于低收入水平阶段，必须把社会各阶层人民生活水平的普遍提高作为社会主义制度优越性的体现。要通过税收等政策手段消除由客观条件所造成的收入不均现象，防止地方、企业及个人之间收入的差距悬殊，并通过社会保障体系保障低收入阶层的基本生活。

（四）建立和完善社会保障体系

社会保障体系包括社会保险、社会救济、社会福利、优抚安置、社会互助和个人储蓄积累等。

第六章 新时期企业经济管理中的发展与创新

第一节 企业经济管理的发展与创新

在市场经济体制下,尤其随着我国社会主义市场经济体制的日益完善,企业依靠创新,特别是制度创新来赢得更大市场份额、获取更大市场竞争力的需求越来越迫切。所谓经济管理,主要是指企业依托自己的长远规划和战略目标,采用系统理论发现企业管理中的不足,并提出有针对性的解决措施,以期提高企业的核心竞争力,增加企业的经营利润,并提高企业的可持续发展能力。在本节中,笔者以全新的历史环境为依托,详细分析并探讨了新形势下企业经济管理发展与创新的相关问题,希望能够为有关人士提供有益的借鉴。

一、当前企业发展的环境概况

面对疲软的国际市场需求,我国的企业如何实现持续、良好的发展成为目前的研究热点和难点。在外部环境变化的影响下,国内企业需要重新规划自己的发展战略,不断评估市场需求的变化情况,以期通过企业自身的变革来适应后金融危机时代和欧债危机期间的发展环境。企业的经济管理强调系统管理方法,要创新企业经济管理制度,需要全面审视企业当前的内部制度与外部环境的匹配程度,重点从企业的生产、人力资源、内部控制等方面进行突破。经济管理的创新是全方位的,既有企业管理理念、危机意识方面的构建和创新,更有制度方面的完善和变革,只有真正做到现代化的、全方位的自身管理制度革新,才能够适应新的市场环境。

知识经济已经成了当前企业发展环境的典型特点。在知识经济时代,各种信息化手段的运用是不可或缺的,唯有紧紧抓住信息化变革的脉搏,重视各种先进信息技术的运用，尤其要重视现代化决策系统的构建，才能够在实质意义上变革企业的作业流程、精简企业的管理层次，实现信息传递、消息反馈和管理效率的三重提升。企业要变革经济管理制度，必须要高度重视企业管理人员思维模式、管理理念的现代化和科学化，及时、主动地更新自身的知识结构，为企业的经济管理创新提供必要的智力支持。

（一）企业进行经济管理创新的必要性

1. 经济管理创新是新形势下更新企业管理理念的必然要求

不可否认的是，虽然我国企业在适应市场经济体制、参与国际市场竞争方面的进步巨大，但是相对于有着几百年市场经营经验的国外企业而言，还有许多地方需要学习和变革。缺乏先进的管理理念是我国企业普遍存在的问题。不少企业已经充分认识到了企业革新经济管理的重要性，但是，由于各方面的原因，只有少数的企业取得了良好的实际表现。"拖后腿"的管理理念使得不少企业只能够进行表面的经济管理革新，没有获得本质性的突破。其突出表现就是，企业采用旧的管理理念指导企业的一切运营和制度革新，导致企业无法完全适应市场经济体制的各种运行规则，最终阻碍了企业的长远发展。

2. 经济全球化是新形势下更新企业管理理念的外在动力

世界经济的联系日益密切已经成了不争的事实，其他国家的经济波动会直接反映在国际市场当中，并有可能对本国的经济发展产生不利影响。面对日益激烈的国际市场竞争环境，我国企业单纯依赖低成本优势占领国际市场的时代正在渐渐远去。通过实现企业经济管理的创新，提高产品质量、突出企业特色、增强企业创新能力，已经成为企业实现可持续发展的必要条件。通过对最近几年国外企业发展战略调整的观察，我们可以清晰地看出，国外企业都在不约而同地进行自我变革，努力突出自己的特色和优势。这应该能够给我国企业的发展提供启示。

3. 制度落后是新形势下更新企业管理理念的内部原因

我国企业在自身制度建设方面，不论是制度现状，还是重视程度，均与国外企业存在着较大的差距。面对日益激烈的市场竞争，我国企业为了获得更大的生存空间，必须要进行自我变革，必须要推进企业经济管理的变革。实践表明，有很多企业由于缺乏先进的管理制度，导致企业管理制度的先进性无法得到体现，内部控制一直难以得到有效落实。目前，不少企业的内部控制目标定位偏低或者脱离实际，而且由于这些目标往往过于形式化，没有办法保证企业内部控制运作的高效性和规范性，使得企业的协调机制无法统一，最终导致企业经营效益的下降。

（二）在新的历史形势下企业进行经济管理创新的途径和方法

1. 以先进理念作为指导思想

在新的历史形势下，企业要进行经济管理创新，必须要有先进的理念作为指导。只有在先进理念的指导下，才能够确保经济管理制度创新方向和原则的正确性，才能够保证企业的创新规划符合企业的根本发展战略，才能够保证企业制定出科学、合理的管理策略和执行方法。具体而言，在企业进行经济管理创新的过程中贯彻先进理念，必须要做好以下两点：

第一，坚持上下结合的理念贯彻路径。企业的管理层和领导者需要自觉地掌握先进理念，作为企业发展的领头人，他们的经营理念是否先进将会直接决定企业的发展状况；同时，企业职工是执行先进理念的一线人员，他们的理念是否先进，将会直接影响企业各种管理制度、经营方针的执行效果。因此，贯彻和落实先进理念需要企业高层和企业基层共同努力，让企业的全体人员均能够以先进的理念创新经济管理，并高效执行各种相关政策。

第二，要勇于破除旧理念。破除旧理念需要极大的勇气和卓越的见识。企业领导层在逐步纠正旧理念的过程中，需要循序渐进，严禁急功近利；坚持步步为营，让企业在彻底消化一部分新理念的基础上逐步推动新理念的落实，避免因为行动的过激和过急导致企业无所适从。

2. 实现经济制度的创新与完善

制度的完善与创新能够让经济管理的改革持久地发挥作用，这是在探索企业经济管理创新过程中总结出的重要经验。企业经济管理的创新成果需要通过制度的建立来进行巩固。要完善和创新相关制度，企业必须学会通过建立约束性条款的方式，让企业自身和全体员工依照相关规定自觉运行，并使企业和全体员工之间的联系变得密切。

为了激发企业潜在的创新能力，需要构建全面、有效的激励体系，让员工的各种有益创新行为能够得到奖励，形成示范效益，进而增强整个企业的创新氛围和创新活力。另外，与制度创新相匹配的组织建设和组织创新也应该同步进行，让组织成为制度得以落实的有力载体，推动企业的全面可持续发展。

3. 强化企业的内部控制管理

第一，加强对企业各部门的调控。企业的内部控制是经济管理中重要的组成部分，一些以财务为依靠的企业不能适应市场经济发展的要求，所以，相应地，需要财务部门做出改变，使财务管理向着全面化的发展趋势发展。

第二，完善企业监督体系。随着市场经济的发展，完善一定的财务内部监控工作，对于竞争激烈的市场经济体制有着不可估量的作用，应以财会控制为核心，实行内控机制，提高财务等各部门认真、负责的态度，避免各种不合规章制度的行为发生。

4.提高企业的信息化技术实力

信息化技术是实现经济全球化和经济一体化的基本保证，是当代社会化生产高速发展的首要条件之一。进行能有效降低成本和加快技术的革新，帮助企业转换经营机制以及推行现代企业制度，来增强企业产品的市场竞争力。当前，企业信息化实现的标志之一就是对信息的快速反应能力，它是企业检验整个企业的工作效率和其产业链在市场中的竞争力的重要浮标。实现企业信息化，既是社会改革的需求，也是企业适应市场发展的需要。当前，随着我国企业信息化技术的不断发展，企业内部的改革不断地深入，绝大部分企业的管理方式正在向创新管理的方面迈进。想要在未来更加激烈的市场中站稳脚跟，企业必须变革管理方式，加强管理信息化创新方面的建设。

在新的历史形势下，企业的经济管理制度必须要与时俱进，不断适应变化的客观环境，满足企业新环境下的发展需求。因此，创新企业经济管理制度，必须要高度契合企业的发展宗旨，有清晰、明确的经营目标和管理措施，必须能够保证获取完成企业发展目标的各种必需资源。

二、企业经济管理创新存在的主要问题

对一个企业而言，创新能够使其适应内外部环境的变换，打破系统原有的平衡，创造企业新的目标、结构，实现新的平衡状态，没有创新就没有发展。特别是在当前市场波动剧烈、企业生存压力大的背景下，只有坚持企业经济管理创新，才能将企业计划、组织、领导、控制等职能推进到一个新的层次，使其适应环境的变化，赢得竞争的优势。

（一）企业经济管理创新重形式、轻落实

创新的重要作用已经得到了企业上下的普遍认可，但在如何落实方面，许多企业还存在着重形式、轻落实的问题。原因有以下三点：一是管理层缺乏对经济管理创新的正确认识。当前，企业管理者往往将更多的精力投入到了企业设备升级、人

力资源培养等方面，缺乏对经济管理创新的全面认知，使得创新的力度不够，效果不佳。二是工作人员缺乏创新经济管理的动力。经济管理人员往往依照企业传统的管理模式和经验，缺乏对经济管理创新的必要认识，在工作中照搬照抄以往的方式，创新力度不足。三是企业上下缺乏经济管理创新的氛围，企业整体创新氛围不浓。特别是一些中小企业，这些企业多为家族式、合伙式的模式，没有在企业中将创新作为企业发展的核心动力并加以落实。

（二）企业经济管理创新缺乏人才支撑

人才是企业经济管理实施的关键。但在实际工作中，企业经济管理工作人员存在着不少的问题，影响了创新的形成。一是观念不正确。许多人员将创新当成企业管理层的行为，而对自身的作用没有充分的认识，往往是被动式地工作，而对能否更好地提高工作质量没有足够认识。二是动力不足。企业对员工创新的鼓励措施不到位，没有充分调动员工的积极性，影响员工作用的发挥。三是监管不得力。企业内部管理不规范，没有给予经济管理行为科学的评估标准，干好、干坏的差距不明显，造成了企业管理效果低下。

（三）企业经济管理创新缺乏必要保障

企业经济管理活动是一个涉及企业方方面面的系统工程，其创新的实现需要一定的条件作为保证。但在实际的工作中，许多企业由于缺乏必要的保障而导致创新难以实现。一是经济管理组织不合理，一些很好的创新方法难以得到有效的落实，而组织结构的不合理也导致企业经济管理效率不高。二是经济管理评价不科学。企业对经济管理工作的评估体系不科学，也使得相关人员的工作标准不明确，影响了工作的质量和效果。三是缺乏必要的奖励机制。许多企业对经济管理创新没有足够的奖励，一些企业只能照搬照抄其他企业的经验，而不能针对自身的特点采取必要的创新举措，导致经济管理的效果低下；而对一些有着一定价值的创新模式没有加以落实，对相关人员给予的奖励不足，也造成了员工对企业经济管理创新的兴趣不足，影响了企业经济管理创新的开展。

三、企业经济管理创新应把握的重点环节

企业经济管理作为企业的一项核心工作，其创新价值对企业的发展具有重要作用，因此要抓住以下几个重要的环节，以点带面，促进企业经济管理质量的跃升。

（一）经济管理的观念创新是基础

经济管理必须紧密结合市场的发展变化和企业现实的特点，而不能一味地沿袭传统的模式，因此要建立与时俱进的意识。一是管理层要建立"创新是核心"的意识，就是要求企业管理层要将创新作为企业管理的重点，将创新作为考评员工工作质量的重要依据，为其提供良好的外部环境；二是工作人员要建立"创新是职责"的意识，就是要培养其创新的内在动力，使其将随时改进管理模式、创新工作方法作为工作的重要职责，加以贯彻落实；三是员工要建立"创新是义务"的意识，就是要积极鼓励普通员工加入企业经济管理创新的活动中，集思广益，实现企业经济管理质量的提升。

（二）经济管理的技术创新是保障

要发挥当前科技进步的优势，将电脑、网络、自动化平台等先进的设备加入经济管理活动中。一是建立完善的管理数据库。企业经济管理涉及企业的方方面面，因此，建立完善的数据库能够有效地提高管理的质量和效益，为管理人员提供精确的数据，促进管理质量的提升。二是建立亲民的管理平台。要建立科学的互动平台，让员工有通畅的渠道反映问题，提出建议，为经济管理工作的改进提供支持，如建立企业论坛、聊天群等。

（三）经济管理的组织创新是关键

组织模式代表了一种对资源的配置方式，包括对人、财、物、资源及其结构的稳定性安排。特别是在当前信息量大、市场变化剧烈的环境下，如何建立适应市场要求、满足企业发展需要的管理组织模式就成了企业经济管理创新的关键。一是建立精干的管理组织，即要通过职能分工细化等方法，结合先进的科技手段，建立精干的管理组织体系，摆脱传统的机构臃肿、人浮于事的问题；二是培养核心的团队精神，就是要通过企业文化的影响、管理结构的改变，提高企业管理人员的凝聚力、向心力，形成企业经济管理的合力，为创新的落实提供可靠的保证；三是树立高效的组织形式，通过分工合作、责任追究等方法，促进企业管理模式的改变，实现高效、务实的管理。

（四）经济管理的人才培养是核心

一是加强现有人员的培养。对企业现有的经济管理人员，可以通过在职培训、脱岗培训等方式，提升其素质，对其渗透创新的观念，促进管理质量的提高。二是提高新进人员的素质。在新进人员的招录方面，提高标准，改变传统的以学历为条件的方法，对其创新能力、综合素质进行考核。三是科学规划人员的发展。企业要为经济管理人员的发展提供保障，在岗位设置、薪酬等方面给予其保障。

四、网络经济下企业财务管理的创新

进入21世纪以来，随着网络通信和多媒体技术的迅速发展，网上企业、虚拟企业等新的企业系统应运而生，网络经济逐渐形成。网络经济改变了人们传统的资本、财富和价值观念，使财务管理的环境发生了变化，给企业参与市场竞争带来了新的机遇与挑战，对企业经营管理的全面创新发挥了重要的推动作用。财务管理作为企业经营管理的重要组成部分，面临着能否快速应用新技术、适应网络经济的挑战。

（一）财务管理目标的创新

网络经济的重要标志之一是人类生产经营活动和社会活动网络化。财务管理必须顺应潮流，充分利用互联网资源，从管理目标、管理内容和管理模式等方面进行创新。

传统财务管理目标以"利润最大化""股东财富最大化"或"企业价值最大化"为主，它是由于物质资本占主导地位的工业经济时代物质资源的稀缺性和使用上的排他性等原因产生的，体现了股东至上的原则。然而，在网络经济下，人力资源、知识资源在企业的资源中占主导地位，企业相关利益主体发生了改变。若财务管理的目标仅被归结为股东的目标，而忽视其他相关主体，必然导致企业各主体的冲突，最终损害企业的利益，阻碍财务管理内容的创新。

（1）融资、投资创新。在传统经济形式下，企业的融资是指以低成本、低风险筹措企业所需的各种金融资本；投资资金的运用，主要指固定资产投资和项目投资。

而在网络经济下，人力资本、知识资本的管理是企业财务管理的重心。因此，企业融资、投资的重心将转向人力资本和知识资本。目前，在网络经济下，企业的竞争是人力资本和知识资本的竞争，谁拥有了人力资本和知识资本，便拥有了发展、生产的主动权。因此，筹集知识资本和储备人力资本将成为网络经济下财务管理的重要环节。

（2）资本结构优化创新。资本结构是企业财务状况和发展战略的基础。而网络财务中资本结构的优化创新包括以下几个层面：一是确立传统金融资本与知识资本的比例关系；二是确立传统金融资本内部的比例关系、形式和层次；三是确立知识资产证券化的种类、期限，非证券化知识资产的权益形式、债务形式，以及知识资本中人力资本的产权形式等。

通常情况下，企业资本结构的优化创新是通过投资与融资管理实现的。只有优化资本结构，使企业各类资本形式动态组合达到收益与风险的最佳配比，才能实现企业知识占有量和使用量的最大化。

（3）收益分配模式创新。在网络经济下，企业资源的重心转向人力资源和知识资源，有知识的劳动者成为企业的拥有者。企业的资本可分为物质资本和知识资本。企业的拥有者发生了变化，收益分配模式必然随之发生变革。收益分配模式由传统的按资分配变为在企业的物质资本和知识资本的各所有者之间进行分配，按照各所有者为企业做出贡献的大小及其所承担风险的大小进行分配。

财务管理模式只有从过去的局部、分散式管理向远程、集中式管理转变，才能实时监控财务状况以回避高速运营产生的巨大风险。企业集团利用互联网，可以对所有的分支机构实行数据的远程处理、远程报账、远程审计等远距离财务监控，也可以掌握如监控远程库存、销售点经营等业务情况。这种管理模式的创新，使得企业集团在互联网上通过网页登录，即可轻松地实现集中式管理，对所有分支机构进行集中记账，集中调配资金，从而提高企业的竞争力。

（二）网络经济下企业财务管理的缺陷

网络经济是以互联网为载体而运行的经济形式，也是电子商务充分发展的经济。由于经济活动的数字化、网络化，出现了许多新的媒体空间，如虚拟市场、虚拟银行等。许多传统的商业运作方式将逐渐消失，取而代之的是电子支付、电子采购和电子订单；商业活动将主要以电子商务的形式在互联网上进行，使企业购销活动更便捷，费用更低廉，对存货的量化监控更精确。这种特殊的商业模式，使传统的企业财务管理的缺陷暴露无遗。

在网络环境下，电子商务的贸易双方从贸易谈判、签订合同到货款支付等，无须当面进行，均可以通过计算机在最短的时间内完成，使整个交易远程化、实时化、虚拟化。这些变化，首先对财务管理方法的及时性、适应性、弹性等提出了更高要求；并使得企业财务分析的内容和标准发生新的变化。传统财务管理没有网络在线办公、电子支付等手段，使得财务预测、计划、决策等各环节工作的时间相对较长，不能适应电子商务发展的需要。另外，分散的财务管理模式不利于电子商务的发展，不能满足新的管理模式和工作方式的需要。

财务管理传统的结算资料主要来自财务会计的成果，借助经济数学和统计学的一些基本方法，对以财务报表为核心的会计资料进行处理，并据以预测未来经济条件下企业可能达到的损益状况。而在网络环境下，电子商务能在世界各地瞬间进行，通过计算机自动处理，企业的原料采购、产品生产与销售、银行汇兑等过程均可通过计算机网络完成。

在网络经济下，传统企业财务管理会遇到网络交易安全问题。由于财务管理中涉及的交易用户由传统的面对面的交易改为了通过互联网进行交易，而互联网体系使用的是开放式的TCP/IP协议，并且以广播的形式进行传播，因此，交易用户的信息很容易被窃取和篡改。即使是合法身份的交易人，由于进行无纸化交易，交易的另一方也可能会抵赖，从而给网络交易安全带来了极大威胁。传统的财务管理多采用基于内部网的财务软件，没有考虑到来自互联网的安全威胁，而企业财务数据属于重大商业机密，如遭到破坏或泄露，将造成极大的损失。

（三）网络经济下财务管理创新的实施构想

企业财务管理创新是网络经济全球化的客观要求，也是企业发展的当务之急。在此，笔者提出几点实施财务管理创新的构想：

网络经济的兴起，使创造企业财富的核心要素由物质资本转向人力资本和知识资本。因此，企业理财必须转变观念，不能只盯住物质资本和金融资本。首先，企业财务只有坚持以人为本的管理，充分调动员工的积极性、主动性和创造性，才能从根本上提升企业财务管理的水平；其次，企业财务人员必须树立正确的风险观，善于观察和面对复杂的竞争环境，能够科学、准确地预测市场环境中的不确定因素；最后，要重视和利用知识资本。企业既要为知识创造及其商品化提供相应的经营资产，又要充分利用知识资本使企业的利润持续增长。

加强财务人员的网络技术培训。在以数字化技术为先导的网络经济下，财务管理创新的关键是网络技术的普及与应用。而对财务人员进行网络技术培训，可以提高财务人员的适应能力和创新能力。因为，已拥有经济和财会理论基础的财务人员再学习现代网络技术，便可将经济、财会、网络有机地结合起来，从多角度分析新经济环境的需要，制定合适的财务策略。同时，技术培训可使财务人员不断汲取新的知识，开发企业信息，并根据变化的理财环境，对企业的运行状况和不断扩大的业务范围进行评估和风险分析。只有这样，财务管理人员才能适应网络经济发展的要求，实现对财务管理的创新。

五、电子商务企业的管理创新

当前,电子商务浪潮席卷全球。由于电子商务彻底改变了现有的作业方式与手段,又能充分利用资源、缩短商业循环与周期、提高运营效率、降低成本、提高服务质量,因此,电子商务的发展将为企业带来前所未有的发展机会。它将对厂商的生产行为、市场营销、企业组织、国内外贸易的手段和方式等产生巨大的冲击,并将引起经营管理思想、行为模式以及管理理论和方法的深刻变革。

(一)电子商务对企业管理的重要影响

1.电子商务对企业人力资源管理的重要影响

现如今,市场的竞争已经逐渐转变为人力资源的竞争,做好人力资源管理工作,能够在更大程度上提升企业的竞争力。电子商务作为一种新型的生产力,是由电子商务技能型的人才控制的,它使得企业在人力资源的引进、奖励、培训、录用以及测试等方面的工作都变得更加容易,且所需要的费用也降低了;同时,借助电子商务进行人才招聘的方式已被更多的企业采纳,相关的人才流动手段和人才测评等也日益流行起来,企业与员工之间的交流也变得更加自由、顺畅,这不仅促使企业的人力资源管理工作更好地跟上了时代发展的步伐,而且也带动了企业其他工作的改革与创新。

2.电子商务对企业财务管理的重要影响

传统意义上的财务管理模式已经无法满足最新形势的发展要求,电子商务的发展与进步要求财务管理要逐步实现从静态事后核算到参与企业经营过程的、动态性的方向转变,从具有独立职能、内部性的管理模式向资金流、信息流、物流的集成性管理的方向发展,从封闭式、单机性的财务数据的处理手段向集成化、互联网的方式迈进。总之,在电子商务的发展要求下,企业的财务管理必须要具有战略性、智能性、预测性以及实时性等特征,督促财务管理工作的不断完善与进步。

3.电子商务对企业生产管理的重要影响

在实施电子商务之后,企业的各个生产阶段都能够运用网络进行联系,传统意义上的直线生产也可以逐渐转变为网络经济背景下的并行生产,这样可以节约诸多不必要的等待时间,在提高生产效率的基础上,督促企业更好、更快地完成对现场管理与全面质量的管理。电子商务对企业生产流程的重要影响可以被概括为生产过程的现代化、低库存生产以及数字化的定制生产等,这些影响促使企业的生产、供应、配送与设计各环节更加有条不紊地进行。

（二）电子商务背景下企业管理创新的良好策略

1. 重视企业人力资源管理的改革与创新

在知识经济时代，人力资源在社会各行各业发展中的重要性不言而喻，尤其是在电子商务背景下，企业更要重视人力资源管理工作的创新。首先，企业要做的不仅仅是坐等电子商务环境的成熟与完备，而是应当根据实际发展情况，积极、有效地运用现有的便利条件，充分发挥电子商务在人力资源的录用、引进与培训等方面的优势，开发适合企业发展的人才培养模式，并且通过电子商务专题会议、主题性的拓展训练活动、邀请外界专家来企业指导等多种方式，使电子商务模式在人力资源管理中的普及力度得到进一步的加强；其次，企业领导者要经常深入员工的日常工作和生活中去，加强与员工的沟通和交流，鼓励员工针对电子商务积极地提出自己的想法与建议，从而在集思广益的前提下，为电子商务的合理运用提供必要的帮助。这样做同时也拉近了与员工之间的距离，督促企业开展更有针对性的人力资源管理工作。

2. 加强企业财务管理的创新

面对知识经济和电子商务、经济全球化等浪潮的冲击，企业的财务管理工作只有不断地加强完善与创新，才能在这股浪潮中冲出一片天地。具体来说，一是要注重财务管理理论的创新。企业投资决策的重点要放在企业的无形资产、财务目标的变化等方面，要规定人力资本所有者参与企业税后的利润分配等，让完善的理论指导财务实践顺利进行。二是要注重财务管理手段的创新。在电子商务背景下，企业要结合自身财务的实际情况，构建、完善财务管理信息化系统，实现从传统的纸质数据、电算化的初步磁盘数据到网页数据的过渡和转变，帮助与引导企业逐步实现企业财务和业务的协同，以及审计、查账、远程报表等动态性的管理，在减少管理成本的情况下，不断地提高财务管理效率，让财务管理工作更好地跟上时代发展的步伐。三是要注重信息系统的安全建设。除了必要的防火墙设置、用户权限规定、常规性的检查等工作之外，还要派遣专业人士定期或者不定期地针对电子商务背景下财务管理的走向，对该信息系统进行实时的补充与完善，让企业的整个财务工作进入更加科学、合理的轨道。

3. 强调企业生产管理的创新

我国目前处于电子商务不断发展的大环境中，对企业生产管理提出了更多的要求。重视企业生产管理的创新，不仅是企业应对电子商务发展要求的重要举措，更是企业实现长足发展的保障。企业要更重视现场管理，首先，要从生产基层就开始对人、生产方法、物料，以及设备等多方面进行有效的管理与控制，构建更加科学的基层管理体制，将成本管控与工作质量提升融入生产过程中，从而使效益更高、成本更低、质量更好。其次，要重视产品的低碳性设计和营销，一方面，要强化低碳产品的生产工艺与设计；另一方面，还要强化外部营销，在降低营销成本的基础上不断地推陈出新，发掘出更适合企业产品发展的广阔平台，这不仅是满足电子商务发展要求的关键环节，更有利于企业的长足发展。最后，企业生产管理的创新还要注重对"软实力"的完善，即企业文化。企业文化的构建与完善是一个长期的、系统的工程，是通过树立一种新型的价值观念、道德观念与职业理念等所营造出的一种良好的工作氛围。因此，企业领导者要采取诸如完善员工手册的内容、设立文化宣传栏、组织以特定文化为主题的拓展训练活动等方式，让企业文化迅速渗透到员工的思想及工作中去，逐步培养员工对企业发展的使命感与责任感，在使各项生产管理质量得以强化的同时，也为电子商务在企业中的顺利推行提供重要的"软实力"基础。

六、建筑企业档案管理创新

建筑企业档案管理最主要的创新方向是对建筑企业的档案进行信息化管理，使建筑企业的档案管理从传统的管理模式发展为信息化管理模式。我们知道，档案信息可以用于解决企业面临的纠纷和问题，为企业减少不必要的损失；可以间接地为企业带来经济效益，属于企业的无形资产。建筑企业如果实现了对档案管理的创新，进行信息化管理，可以解决建筑企业因基地分散、施工单位流动性大、施工期限长等带来的档案收集整理难度大、管理烦琐等一系列问题。

（一）建筑企业档案信息化管理的必要性和特点

1. 建筑企业档案信息化管理的必要性

档案资源是指国家机构、社会组织和个人在社会活动中形成的对国家和社会有价值的档案综合。当前，因为计算机技术和网络技术的发展，对传统的档案管理进行创新，必然要向着网络化、电子化、动态化、信息化的方向发展。建筑企业之前的档案管理主要是依靠人工进行建筑档案的分类整理、使用检索等，工作效率较低。如今，建筑工程档案的数目日益增多，工程资料、图纸数量也很庞大。依照传统的档案管理方式管理这些档案，不仅难以保存和翻阅大量的纸质档案，还不符合节约型社会的要求。这就需要我们对档案管理进行创新，并且，当前信息化时代的到来也给建筑企业的档案管理提供了发展方向。建筑企业档案管理必须采用新的发展模式，在档案管理工作中，要探索新的管理方法，使建筑企业档案管理可以保持创新性，不断提高建筑企业档案管理的科技含量。

2. 建筑企业档案信息化管理的特点

对建筑企业档案进行信息化管理后，可以实现档案的信息化存储，从而可以自动化查取档案；可以对档案信息进行实时共享；档案信息化管理具有智能化的特点，且可以进行社会化服务。

（二）当前建筑企业档案信息化管理面临的问题

虽然电子信息技术给建筑企业档案管理的创新指明了发展方向，带来了新的机遇，但是，目前对建筑企业的档案进行信息化管理还存在很多阻碍。

1. 档案安全问题

对建筑企业的档案进行信息化管理虽然有种种便利，但是也存在缺陷。例如，计算机系统和网络化技术本身的安全性无法得到保障，硬件资源容易被人为破坏或被自然灾害破坏，软件资源和信息化系统也容易受到病毒破坏，同时，因为内部管理措施不够完善等问题，建筑企业档案管理信息化的安全性问题也有待解决。

2. 没有相关标准和法律

因为档案管理本身是一件复杂的事情，档案管理的信息化又是一个新兴的档案管理方法，同时，存在建筑企业基地分散、施工单位流动性大、施工期限长等问题的工程的档案一般进行多头管理，因此，标准化问题成为档案信息化管理的一大难题。另外，档案管理信息化作为新兴事物，相关立法程序较少，若出现问题，很难运用法律手段解决。

3. 相关技术支持不全面，技术人员缺乏

在建筑企业信息化管理过程中产生的电子文件在其保管条件、保管期限等方面的局限性，如果不能很好地加以保存，那么最终带给建筑企业的不仅不是便利，反而会阻碍建筑企业的发展。在建立档案信息化管理的初期，需要把很多纸质档案进行扫描转化，但是当前多数单位配备的扫描仪数量少、转化速度慢，无法在短时间内将纸质档案转化为电子档案。目前，既掌握信息技术又懂得档案管理专业知识的人才匮乏，无法满足档案信息化管理的需求。

（三）建筑企业档案信息化管理问题的解决办法

1. 建立档案信息化管理的可追溯系统

建筑企业不同于其他企业，对其档案进行管理需要建立可追溯系统，对文件自动进行生成、修改，保留文件的原始状态。在对建筑企业档案的可追溯系统进行设计时，需要考虑到文件自动生成的可靠性，为其进一步发展提供条件。

2. 制定信息化档案的使用制度

建筑企业在实行档案信息化管理模式之后，一定要制定相应的规章制度。首先，要制定统一的档案格式标准；其次，在对档案进行相关查阅和利用时，也应制定相关制度，档案的利用者要按照制度填写利用原因和利用内容。在进行档案利用时，要使用专门的"软件狗"，防止档案被恶意修改或者被传播。因为档案的信息化管理必然会产生相关的电子文件，这时，要按照国家的相关安全保密制度对电子文件进行保密，保证系统的安全。

3. 完善技术支持，进行技术人员培训

建筑企业档案信息化管理的相关技术支持需要符合当前信息化技术发展状况，吸收信息化技术的新成就，保证档案的长期安全。对于相关技术人员匮乏的问题，需要对档案人员进行相关培训，提高他们的工作素养和工作技能。在对建筑企业档案管理从业人员的培训中，应该增加档案信息化管理的相关培训，使他们掌握相关档案信息化管理的知识技能。

第二节　现代企业经济管理应采取的创新策略

一个企业的精髓所在就是该企业的经济效益。经济效益不仅是判断某个企业运行是否良好的关键标准，更是企业之间相互竞争的依据，而提高资金使用效率正是提高经济效益的前提条件。因此，加强企业经济管理、提高资金使用效率，在企业经营的过程中占据着核心地位，是一个每个现代企业都不可忽视的重要问题。本节在描述经济管理具体职能的基础上，对加强企业经济管理、提高资金使用效率的策略进行分析和归纳总结。随着经济全球化与一体化进程的不断加快，市场竞争日益激烈。在此时代背景下，企业要想在竞争中脱颖而出，必须不断更新设备设施，提高经济管理水平，不断创新，让企业的经济管理更好地服务于生产经营，认识到经济管理的创新对企业发展的重要性，但目前我国企业的经济管理过程还存在着不少问题。本节根据企业经济管理的特点，立足于我国现代企业的经济管理现状，详细阐述了企业在经济管理中的创新对企业的重要作用，从多个角度提出企业经济管理创新的策略，以期帮助企业更好地发展。

一、企业经济管理创新的重要性

（一）经济改革的要求

企业经济管理作为优化和整合企业资源的重要手段，从一定程度上来讲，可以被看成一种生产力的表现形式。当今市场经济处于高速发展的时期，科学技术的更新也日新月异，知识经济和互联网经济在当今社会中的作用也不断凸显。企业在新经济时代下，如果不加强对经济管理的创新，就会落后于其他企业，不能适应时代的发展和市场经济的发展，也会在竞争中处于不利地位。

（二）企业发展的需求

对于不同的企业而言，其经营的环境和管理体系也是不同的，但是影响企业经营环境和管理体系的因素是基本相同的。首先，企业经营环境和管理体系都受到了全球经济化趋势日益加强的影响；其次，企业经营环境和管理体系都受到了以知识经济为主体的新经济发展形势的影响；最后，企业经营环境和管理体系都受到了互联网技术发展的影响。在外部环境逐渐开放的影响下，企业在国际市场中的竞争压力也越来越大。就现状而言，新经济环境和新经济形势对企业来说既是挑战也是机遇，企业要加强竞争实力，必然要创新经济管理，才能不断地发展和进步。

二、经济管理的职能

随着企业的各项制度的不断完善，组织结构的不断建立健全，作为企业管理核心内容之一的经济管理，其具体的管理和职能的内容也在发生着变化。企业经济管理的职能，其实就是企业的经济管理通过企业的再生产环节体现出来的功能。具体来说，经济管理的职能受到两方面内容的影响，一方面，是指财务工作的本质的影响；另一方面，是指来自管理的理论和实践发展的影响。由于现代社会的经济利益体制及关系的逐渐复杂，企业给经济管理划定的范围逐渐扩大，同时，也赋予经济管理职能更多的可能性和更大的权限。经济管理的主要职能体现在以下几个方面：首先，财务计划职能。它主要体现在规划和安排未来某一个时间段的财务活动。其次，财务组织职能。它主要体现在按照一定的顺序和关系，科学地对财务系统中相关的各种因素、各个部分进行合理的组织整理。再次，财务控制职能。这一职能的设立是十分有必要的，这是为了实现对财务工作中的失误和偏差的及时发现和改正。最后，财务协调职能。这是为了避免一些不必要的财务纠纷，从而利用各种合理的财务协调手段和途径等来维护企业内部良好的人员配合关系，以及舒适的财务环境。自从经济管理被企业管理独立划分出来并得到广泛使用后，其职能得到了相当快速的发展。

三、现代企业经济管理中的创新策略

随着经济全球化与一体化进程的不断加快，市场竞争日益激烈，在此时代背景下，企业要想在竞争中脱颖而出，必须不断更新设备、设施，提高经济管理水平，不断创新，让企业的经济管理更好地服务于生产经营，认识到经济管理的创新对企业发展的重要性。但目前我国企业的经济管理还存在不少问题。

（一）加强对企业经济管理理念的创新

企业要实现对经济管理的创新，首先要先实现对企业经济管理理念的创新。要正确理解企业经济管理理念创新的概念，切实贯彻理念创新。纵览我国企业现状，陈旧的经济管理理念仍阻碍着我国企业经济管理的发展，大部分企业管理者思想观念落后，思想更新意识薄弱，竞争意识、危机意识不强。所以，企业要大力倡导理念创新，将理念创新视为经济管理创新的根基，日后的其他管理创新机制都要以理念创新为指导。

企业经济管理理念创新不仅纠正了陈旧、过时的思维模式，还通过独特的视角、思维方法、管理机制为企业经济管理创新提供指导，在企业中树立创新管理与科学管理的理念，真正做到了创新管理，让企业的生产经营在理念创新的道路上越走越远。企业只有掌握了先进的管理理念，才能更好地带领企业员工实施创新活动。企业高层领导要重视理念创新。例如，可以在企业内部营造积极向上的创新环境，让企业所有员工在创新氛围的感染下，积极地学习和创新，掌握必要的创新知识，具备必要的创新能力。在当前市场经济环境发展的新形势下，企业在市场中的竞争压力越来越大，因此，企业应该树立危机意识，制定战略管理机制，从市场环境出发，结合企业当前存在的实际问题，做到统筹全局。

（二）加强对企业经济管理制度的创新

企业要实现管理，离不开企业制度的支持；企业在经济管理创新中，也受到了企业管理制度的制约。因此，企业要实现经济管理的创新，就要加强对企业经济管理制度的创新。企业应该坚持以人为本的人性化管理机制，为企业员工创造良好的发展条件，加强对人力资源管理的重视，完善人力资源管理制度，建立健全监督机制和决策机制，并让企业的所有员工都积极地参与进来，调动员工工作的积极性。

（三）加强对企业经济管理组织模式的创新

在企业经营发展的过程中，经济管理组织也发挥着巨大的作用，实施有效的经济管理组织可以提高企业经济管理效益。因此，企业要认识到企业经济管理组织模式的重要性，加强对经济管理组织模式的创新。首先，在管理组织的建设上，要实施柔性化的管理方式，促进管理组织的多样化；其次，要实现企业经济管理模式的扁平化，简化企业的组织层次，提高企业的经济管理效益；最后，要促进虚拟化管理机制的建立，借助先进的计算机技术对经济管理组织进行合理的规划，实现对经济管理信息的整合，从而建立起一种无形的经济管理机制，促进企业经济的发展。

随着经济全球化进程的加快和市场经济改革的完善，企业承受着巨大的竞争压力。创新作为企业发展的基本动力，也是企业提高竞争实力的基本途径。企业要想在当下获得更好的发展，提高企业在市场中的竞争实力，就必须重视经济管理，针对企业当前存在的问题，制定有效的经济管理创新对策，不断提高自身的经济管理水平。

第七章　企业内涵式经济发展与管理

第一节　企业内涵式经济发展战略

当前，许多企业（尤其是一部分国有企业）的设备老化，资金短缺，经济效益每况愈下。是什么原因使曾经有着辉煌业绩的企业陷入如此困境？在湖南的长沙、株洲、湘潭等地，我们选择了一些有代表性的企业进行布点调查。通过调查，我们发现尽管企业陷入困境的原因是多方面的，形式也是多样的，但除了体制、观念等原因外，就企业本身来讲，最关键的问题是企业缺乏通盘考虑和长远计划。

企业是一个相对封闭的系统，企业管理是一项复杂的系统工程。部分企业好大喜功、盲目投资，使企业陷入更大的困境。"头痛医头，脚痛医脚"的方法，尽管能取得一时的效果，但从长远以及企业全局来看是无益的，甚至是有害的。企业要从根本上走出困境，仅靠单方面的治理是不行的，必须要有整体的思路与长远的考虑。特别是企业的外部环境已经发生了根本的改变，企业必须进行新的战略设计。

企业精神是人的智慧与创造力的结晶。人是要有一种精神的，企业也需要有一种精神。对处于逆境中的企业来说，更需要有一种精神。企业精神是我们战胜任何困难的支柱。"人心齐，泰山移"，一定要建设以人为本的企业精神。企业精神是企业能不能兴旺的基础，也是企业长盛不衰的原因所在，因此，企业应不遗余力地培养企业精神。

一、以改革为动力

企业改革主要是改变不合理的生产关系，促进生产力的发展。现今，企业仍存在产权不明晰、责任不明确等问题，这严重影响了企业的发展。因此，企业应加大改革的力度与深度。深化改革是一种强大的动力，通过改革能使企业焕发生机，激发企业的活力。企业要加快建设以现代企业制度为主的产权关系以及清晰的生产关系。

二、以产品为龙头

"家有梧桐树,自有凤凰来",产品是企业生存发展的根本,是企业伸向市场的拳头,企业要占领市场,提高其市场占有率,关键在于其是否能生产出适应市场需要的物美价廉的名优产品。若没有好的产品,企业要走出困境,是根本不可能的。因此,企业要十分注重产品的研制与开发,适时开发出适销对路的新产品。

三、以技术改革为手段

技术是保证和提高经济效益的手段。部分企业仍存在设备老化、技术陈旧的问题,因此这些企业必须走技术改革之路,不断追求进步。在加速技术改革的过程中,要勇于引进新的机制,使企业焕发生机。现代社会科学技术日新月异,企业如果不注重技术改革,必将日益萎缩,并被激烈的市场竞争淘汰。

四、以资金为重点,以财务为中心

资金是企业赖以生存和发展的"血液",企业要进行生产经营活动,必须要有充足的资金作为保证。在对企业的调查中,我们发现,资金是导致许多企业陷入困境的原因之一。特别是一些企业盲目开展新项目,使战线过长,资金周转出现困难。总之,资金紧缺对企业来说是一种严重的危机,企业应拓宽资金筹措渠道,合理使用资金,加快资金周转速度。

五、以市场营销为前哨

传统的经营以市场作为终点,现代经营以市场作为起点和终点。产品畅销,企业才能兴旺。因此,企业应注重市场调研,及时掌握市场动态,并注重对有关信息情报以及用户意见的收集和反馈,以便及时、正确地做出决策。

六、以人才为源泉

现代企业之间的竞争,主要是人才的竞争。俗话说得好:"要发财,先寻才。"企业的一切都取决于人,取决于人的素质。要搞活企业,就必须要有各类人才。企业应特别注意对各类人才的选拔、培养,并合理地使用人才,使各类人才充分地发挥各自的才能。

七、以市场环境为前提

达尔文在《进化论》中提出:"物竞天择,优胜劣汰,适者生存。"自然界的万物,要求得生存与发展,就一定要适应环境,这是一种自然规律。企业要想求得生存与发展,就必须注重对市场环境的研究。

第二节 构建企业文化的方法

20世纪80年代,美国首先提出企业文化。

20世纪70年代,世界经济格局发生了戏剧性的变化,美国经济明显衰退,在战后废墟上发展起来的日本,经济迅速崛起。经过深入的比较与思索之后,人们惊奇地发现,日本成功的原因在于全国上下都维持着一种强有力的文化体系,企业皆有其自身的独特文化背景。由此,学界开始了对企业文化的研究。人们逐渐认识到,一个企业的成功,不仅取决于计划、战略、组织结构、科学技术、规章制度、管理手段等刚性因素,而且取决于优秀的企业文化。所谓企业文化,是企业在长期的经营发展过程中逐步形成和确立的思想成果和精神力量,它包括企业全体成员所共同拥有的思想观念、价值准则、道德规范、生活信念等。

一、建立企业文化的必要性

(一)建立企业文化是企业生产与经营发展的需要

任何一种管理理论,都是随着生产的发展而发展的。管理思想的发展历史可以追溯到18世纪中叶,迄今为止经历了三个重要阶段,即经验管理阶段(18世纪中叶至19世纪末)、科学管理阶段(20世纪初至20世纪40年代)和现代管理阶段(20世纪40年代至今)。管理思想所经历的每一次变革,都使管理理论受到严峻的挑战,导致新的理论产生,作为管理理论的企业文化也不例外。20世纪80年代初期,管理理论再次受到冲击,管理思想的发展超越了管理科学与行为科学两个学派的理论范畴,在对那时的管理理论——管理科学和行为科学的综合研究和探索中,逐步诞生了企业文化这一新概念。企业文化最早在美国被提出,而后立即在日本得到广泛的应用,并取得巨大的成功。

(二)建立企业文化是改进我国传统企业管理方法的需要

在劳动力的三要素中,劳动者起决定性作用,企业的活力最主要体现在劳动者的积极性、主动性、创造性是否得以发挥上。管理的核心是"人—人"这一系统,通过各种方法激发劳动者的积极性。我国的企业管理较为注重人的作用,在计划经济下,国有企业是行政组织,企业的经济活动服务于政治的需要。因此,国有企业往往只从思想政治工作着手。随着对外开放政策的实行,企业逐步开始学习西方发达国家先进的企业管理经验与方法,一些规章制度逐步恢复与建立。但企业存在一种过分强调规章制度、过分依赖物质手段管理企业、忽视人的精神作用的现象。企业内"一切向钱看"的思想较为严重,有的企业出现了"工人为钱干,干部靠钱看,动辄扣奖金"的现象,企业内部缺乏共同的信念、共同的理想。因此,国有企业迫切需要有一种精神统一职工的思想,增强企业的凝聚力。

(三)建立企业文化是搞活企业的需要

一个企业要振兴和发展,不仅要靠设备、厂房、资金和劳动力这些有形的力量,而且要靠一种无形的力量,这种无形的力量就是企业文化。企业要生存、发展,要靠全体职工的共同努力,需要职工的忠诚与奉献,需要有一种理想、信念统一职工的思想。如今,企业效益不佳,迫切需要有一种精神来鼓舞职工的干劲,激励职工的奉献精神,使企业上下一心,共渡难关。职工的积极性一旦被调动起来,企业的振兴指日可待。

二、建立自己的企业文化

企业文化不是摆设,不是装饰品,企业文化建设是一项十分艰巨的工程。因为任何能够感动人心的东西皆非朝夕之功,所以,企业文化建设要求于细微之处提炼精神,于烦琐之中吸取精华,积年累月,常抓不懈。而那种认为企业文化只不过是选几个口号、搞几次活动,改变企业外在形象标志等的观点是完全错误的。

(一)树立"以人为本"的精神,调动人的能动性

在中国传统文化中,以儒家为代表的传统人文思想是一个很突出的特征。先秦时期的诸子百家,大都以人为研究的出发点和归宿。例如,儒家认为,"民为邦本""天时不如地利,地利不如人和"。前者,是在社会政治领域里,在把人君与臣民相对比时,儒家提出"民为重,君为轻,社稷次之";后者,是在更为广阔的范围内,在衡量天时、地利与人和诸因素时,儒家认为"人和"居于更为重要的地位。企业精

神是人的智慧与创造力的结晶。对处于逆境的国有企业来说，更需要有一种精神。21世纪，企业之间的竞争主要是人才之间的竞争，企业应建立"以人为本"的企业精神，发挥各类人才的作用，使企业在竞争中立于不败之地。

企业管理思想是由生产力状况决定的。随着生产力的不断向前发展，以人为本的管理已成为现代化企业管理的核心内容。美国钢铁大王卡耐基说过："将我们所有的工厂、设备、市场资金全部夺走，但只要保留我们的组织人员，四年后，我将又是一个钢铁大王。"他之所以可以这样自信，是因为他懂得信息、知识和创造性这三种宝贵的战略资源可以、也只能在人才队伍中获得。

企业中的人既是挖掘潜力的主体，同时又是挖掘潜力的最主要的对象。在企业生产力系统中，人既是从事生产活动的主体，又是生产力诸要素中最活跃、最有能动性、最富有潜力的因素。企业要想获得质量高、价格合理、能使顾客满意的产品，归根到底在于企业职工的积极性。也就是说，一个企业不仅需要职工付出劳动和时间，更需要从职工那里得到他们的想象力、创造力。只要我们观察企业的构成及其运行规律就会发现，人在企业中是极其重要的。因此，凡有成就的企业家无不重视人的管理和注意发挥人的作用。

另外，挖掘人的潜力是释放企业物资潜能的前提。任何企业拥有的生产资料的数量和质量都是有限的，但是只要努力提高人的素质，注意挖掘劳动者的潜力，就会使相对有限的生产资料发挥更大的效能。人的素质越高，潜力发挥得越充分，企业就具有更高的生产力水平，物资潜力就越能得到有效的释放。从人入手，依靠职工的智慧和才能，动员成千上万的职工去抓设备、抓资金、抓原材料，去开拓市场，开发新产品，则无往而不胜。

总之，人是最有能动性的因素，只要企业充分重视人的作用，群策群力，调动人的积极性，就能使企业焕发生机。

企业在人员管理方面存在的问题主要有以下四类：

1. 人的积极性没有被充分调动起来

在长期的计划体制下，企业没有自主权，厂内领导总是奉命行事，职工也是各司其职，只干"分内"的事，没有主人翁的责任感。虽然近年来政府简政放权，企业有了一定的自主权，但是被调动积极性的大多是承包者或者是领导者，并不是广大的职工。

2. 提高职工素质的措施不到位

当前的职工素质普遍较低，其主要原因在于许多企业只注重眼前利益，忽视长期发展规划。企业的短期行为不仅表现在对物资资源的掠夺性开发上，也表现在对人力资源的掠夺性使用上，使职工素质长期停滞在低水平上。据统计，我国在业人口中存在文盲和半文盲。这足以说明企业中职工素质低、科研力量弱，这是一个阻碍企业职工整体素质提高的严重问题。此外，我国企业中还严重缺乏既懂现代管理同时又具有政治家头脑的优秀领导人才。

3. 民主管理和民主监督制度不健全

近些年来，部分企业虽然也讲"职工当家作主"，但是却很少落到实处。企业应完善和健全职工参与企业管理制度，开辟职工参与民主管理的多种渠道，保证职工以主人翁的身份来参与企业的管理决策，并监督企业的市场竞争行为和内部管理行为。

4. 企业内部缺乏竞争机制

企业作为市场竞争的主体，必须将市场竞争机制引入企业内部，建立与之相适应的企业激励机制。企业内部普遍存在人浮于事、效率低下，尤其是管理人员的工作效率很低的问题。要改变这一现状，不能仅靠加强考核或制定一些惩罚措施，还必须在企业内部形成一种竞争环境，人人有责任感、危机感，充分调动人的积极因素。

改革人事、劳动、分配三项制度，使原来静态的缺乏激励作用的旧制度转变为动态的促进职工奋发向上的新制度。

政府机构退出企业经营管理后，过去的国家职工制度也必然要转变为企业职工制度。职工受聘于企业，必须与企业签订具有法律效力的合同。职工都是合同制下的职工，但在具体形式上有所区别，可以分为长期合同工、短期合同工、临时工等，在权利、报酬、培训方面也有所区别。

积极培养人才，提高职工队伍的素质。高素质的职工队伍是企业拥有的最大资本，因此，要努力提高职工队伍的整体素质，同时积极发掘专业技术人才和管理人才。职工培训可以不拘形式，建立职工培训中心，使企业内部形成具备初级、中级、高级等层级的完整的成人教育体系，实行"派出去、引进来"的双向招揽、培育人才的机制。

有了人才，还要合理利用人才，尤其要注意中、高层领导人才的使用。一个人救活一个企业的例子并不鲜见。因此，正确使用领导班子中的人才是关系到一个企业发展的关键所在。可在厂长或经理周围形成智囊团，如以总经济师、总会计师为首的管理智囊团，以总工程师为首的技术智囊团，以职工代表为主体的民主管理智囊团等。要根据人的能力合理安排，做到人尽其才、才尽其用。建立与完善民主管理制度。制定民主管理的制度和方法，为企业职工在管理中发挥积极作用创造条件。

进一步改革和完善企业内部的管理体制，克服企业中管理层次混乱、各层次管理目标错位的缺陷，使企业的经营者、管理者、生产者根据各自的正确的管理目标及责任，在各自的岗位上行使直接的管理权，从而形成全体职工都负有直接管理企业的责任的民主管理气氛。

将合理化建议活动纳入日常工作中。合理化建议活动是企业管理的传统内容，要做到切实有效，要有专门的组织机构负责考察这些建议，并根据所采纳建议的经济效益的大小来奖励提出该建议的人，鼓励职工出谋献计。

建立与完善企业的激励机制。激励，简单地说，就是调动人的积极性，或者化消极因素为积极因素。企业要建立完善的激励机制，利用能够激发人们努力工作的因素，规范人的行为，使人们按照企业目标去努力奋斗。

完善人的激励机制必须包括：在激励机制的营运过程中，最重要的是制定科学合理的制度、措施。它们往往是影响激励机制效果的关键。因此，企业应着重抓好人事选拔制度、晋升制度、奖励制度、工资制度，以及与之相配套的考核评价体系，使激励机制在企业营运中发挥它应有的作用。

（二）分析企业内外因素，选择价值标准

一个企业选择什么样的价值标准作为企业文化的基础，是创造企业文化的首要问题。价值标准能起到统一人的意志、规范人的行为的作用。企业文化对企业的影响要看价值标准被接受的程度。企业性质不同，价值标准也往往不同。企业应根据自身性质选择合适的标准。另外，企业选择的价值标准应与其外部环境相适应。若是高科技产业，其企业文化的重点将是竞争、冒险、效率等。企业文化的行业差异与个体差异是巨大的，但有一点是共同的：每种企业文化都有其核心价值标准，而且这种价值标准必须要与国家、民族、社会的历史、现状，特别是未来相联系。立意高的价值标准才会有持久乃至永恒的魅力。

（三）企业家的人格魅力往往是企业文化活的偶像

研究那些百年不衰的大企业，我们会发现一个共同的现象：企业创始人的思想和作风对于企业文化的形成起到奠基作用。在纷繁芜杂的情况下，领袖的洞察力、决策力十分重要，而这些综合起来又会形成企业领袖的人格魅力，即使在法治而非人治的社会中，这一点也是不可缺少的。

（四）重在全员参与，增强企业意识

企业文化的建设重在全员参与、整体互动。任何一件事情，只有亲身参与了，才会有责任感。在参与的过程中让职工体会成就感、挫折感、温暖感、危机感等不同感受，通过交流与融合，培养职工的责任感，逐渐形成大家共同首肯的价值准则。传统的做法是完善和健全职工参与企业管理的制度，运用多种形式和渠道来保证职工以主人翁身份来参与企业的管理决策和监督。

（五）吸取中外文化的精华，形成自己的特色文化

中外文化都有积极的与消极的两个方面，可能对企业文化产生正面与反面效应。这要求我们对之进行分析，并有选择性地加以吸收，形成自己的个性，才能形成有自身特色的企业文化。企业应根据自身的特点，铸造个性鲜明的企业文化。中国是一个文明古国，几千年的灿烂文化是我们建设企业文化的宝库。文明来自文化，文化是文明的基础。要建设企业的物质文明与精神文明，必须要建设企业文化。具体需要做到以下几点：

1. 吸取中华传统文化的精华

新的企业文化不能被凭空创造出来，吸收和改造几千年传统文化中一切有价值的东西，是创造新的企业文化的前提和基础。传统文化是我们的根基，传统文化中的人、自然、社会协调一致的行为准则，以及"德治"重于"法治"的管理原则，"重义轻利"的激励思想等均值得我们继承。例如，"天时不如地利，地利不如人和"，以及"民为重，君为轻，社稷次之"等，体现出一种重视人、以人为本的思想；"将心比心""己所不欲，勿施于人"等对于处理各种人际关系有一定的指导意义；在进行理想和道德教育时，采用设身处地、以心换心、寓理于情、以情动人的方法，对于建立和谐的人际关系、增强企业的凝聚力有十分重要的意义；"重义轻利"的思想对建立企业文化也具有十分重要的意义，"重义轻利"的思想告诉我们要保持和谐的人际关系，并不是不讲原则地维持一团和气。总之，注重传统文化的教化作用，对于如何修身养性、处理好人际关系有一定的指导作用，值得我们借鉴和吸收。

2. 对外开放，学习外国文化的精华

"闭关锁国""夜郎自大"是注定要失败的。国际经济已步入一体化进程，国有企业理应参与国际大分工。企业也应注重吸取外来文化中优秀的东西，形成一定的行为准则，遵循一定的道德规范，最终形成共识，达到共同繁荣与发展。我国的四大发明举世闻名，而我国近代的科技发展相对较为缓慢，这和我们传统文化中的"中

庸"哲学有关，因为我们的老祖宗讲究"谦恭"的美德，反对标新立异。分配上的平均主义制约了生产的发展。在这方面，我们有必要学习美国等一些发达国家敢于冒险、不断创新的精神。当然，在学习国外优秀文化的同时，也要注意防止其腐朽思想的侵蚀，尤其要反对其个人享乐主义以及"一切向钱看"的思想。

3. 根据企业的特点，形成企业的特色文化

不同的企业，往往生产不同的产品，其服务的对象也不同。这要求企业根据其自身特点，铸造个性鲜明的企业文化。我国杭州某药店，历经百年而盛名不衰，这与其独特的经营信条是分不开的。该店营业厅高悬"戒欺"横匾，明确写着"药业关系性命，尤为万不可欺"，遵循"采办务真、修制务精"原则。从以上内容可知，不同的企业，其企业文化也不相同。

综上所述，企业必须重视企业文化建设，树立一种企业精神，增强企业的凝聚力，团结一致，齐心协力，共渡难关，搞活企业。

第三节　企业领导班子建设

"一头狮子率领的群羊能打败一头羊率领的群狮。"这句格言说明了领导的重要性。现代企业之间的竞争已进入了战略制胜的时代。领导者的决策本领、领导艺术直接关系到企业的生存与发展。有些企业里确实存在一些庸才，他们长期占据重要的领导岗位，却贪图安逸，不思进取。这批人业务素质、管理水平低下，严重阻碍了企业的发展，成为企业向前发展的"绊脚石"，因而，对企业的领导班子进行一次普遍考核是很有必要的，将那些不称职的领导干部撤下来，在企业内真正实现优胜劣汰，将那些德才兼备、有胆有识的能人选拔出来，委以重任。

一、建立严格的领导干部选拔考核制度

要建设好领导班子，一个十分重要的内容就是要建立严格的领导干部选拔制度。唐太宗的"贞观之治"名闻天下，他曾提出考察与选拔官员的四条标准——"四善"。这"四善"的具体内容是："一曰德义有闻，二曰清慎明著，三曰公平可称，四曰恪勤匪懈。"这一标准比较注重人才实际的工作能力和水平，在当时是难能可贵的。唐太宗的"四善"标准为唐朝选出了一大批贤臣良将，确保了唐朝的兴盛。我国古代在选拔与考核人才上有不少成功的经验，例如，成语"滥竽充数"使人联想到人才

管理问题，使我们认识到无论哪门工作都非有一套严格的人才考核制度不可。在新环境下，必须制定新的干部选拔标准，将那些具有战略眼光、有出众的组织才能、善于识人用人、善于判断决策、有胆有识的人才选拔出来，委以重任，指挥企业这艘船在市场经济的大海中迎风破浪，驶向理想的彼岸。

二、引进竞争机制，实现优胜劣汰

多年来，企业的领导干部实行终身制，可谓一朝为官，终身享用。企业的领导干部基本没有什么风险，只要不出大问题，就可以做官做到老。这种干部终身制埋没了一大批优秀的人才，不少优秀人才奋斗终身，却得不到一次晋升的机会，有时还会受到他人的压制，可谓"英雄无用武之地"。市场经济是竞争经济，这种竞争理应包括人才之间的竞争。企业必须引进竞争机制，领导干部要能上能下，通过竞争，实现优胜劣汰，将那些年富力强、有头脑、有能力、懂业务的人才选到重要的领导岗位上来。这样才能人尽其才，人才辈出。

三、运用人才最佳结构原理，实现领导班子的人才互补

分配好领导班子，不但是分工和集体研究决策重大问题的需要，还是发挥最佳的总体领导效能，以及使领导班子德、识、才、学互补的需要。企业中既要有思想家，善于出主意；又要有组织家，善于组织指挥；还要有实干家，把主意变成现实。

（一）年龄结构

不同年龄的人既有不同的能力，也有不同的职能范围。青年人年富力强，干劲足，精力充沛；老年人经验丰富。相关的生理学资料告诉我们，人的能力有时间性。一个人的知觉能力最好的年龄是10岁到17岁，记忆能力最好的年龄是18岁到29岁，比较判断能力最好的年龄是30岁到49岁，动作和反应能力最好的年龄是18岁到29岁。人在不同的年龄，身体状况不一样，所以，不同年龄的人应配合起来，共同工作。

（二）专业结构

领导班子的专业结构，是指企业的领导班子要根据各自专业的要求按照合理的比例配备。这是社会化大生产的客观要求。企业的工作涉及思想政治工作、财务、经营、管理、后勤等方方面面。各项工作皆有其特点，需要领导班子中的各类人才来进行管理。

（三）素质结构

不同的人具有不同的性格特征。有的人敢作敢当，做事雷厉风行；有的人不紧不慢，讲究三思而后行。

（四）智能结构

人的智能主要包括自学能力、研究能力、思维能力、表达能力和组织能力。有的人科研能力强，善于创造发明；有的人思维能力强，经常有一些新思想涌现；有的人有较强的组织能力；有的人具有较强的实干精神。企业需要同时拥有具备不同能力的人，才能兴旺与发达。

（五）知识结构

人们的知识存在多少、高低、专业的不同。领导班子需要由具有各种知识的人才组成。一个企业里要有管理师、经济师、会计师、工程师、律师……企业必须确立一个有合适的知识结构的领导班子。企业的领导结构应是一个多维的、动态的综合体，要提高领导效能，必须优化领导班子的结构，形成一个强有力的领导班子，带领企业走向辉煌。

第四节　企业内部机制的构建

"机制"一词来源于机械学，指机械设备运行时各个零部件之间相互配合的协调关系；用在经济学上，就指各种经济要素在经济活动中相互联系和相互作用的关系。当前，企业普遍活力不足的一个十分重要的原因就是企业内部机制不合适。企业的活力主要体现在劳动者的积极性、主动性、创造性的发挥上，若企业内部机制过于僵化，则不利于激发职工的劳动积极性、主动性、创造性。

一、大中型企业内部机制再造的必要性

（一）企业外部经营环境发生了巨大变化

经济环境的变化是企业内部机制再造的直接原因。1949年以来，我国的经济体制发生了一系列的变化。1978年以前，我国实行的是单一的计划经济体制。1984—1992年，我国实行的是有计划的商品经济体制。1992年，我国确定了社会主义市场经济体制。由此可知，大中型企业的外部环境处在不断的变化中。从系统论的思想

来说，是系统结构发生了变化。企业这一子系统要想求得生存与发展，就必须适应这一变化。企业要保持旺盛的生命力，就必须根据外部环境的变化随时调整自身的结构，以适应环境的变化，增强竞争力。

（二）企业现有内部机制僵化，不适应生产力的发展

从辩证法中我们知道，生产力决定生产关系，生产关系反作用于生产力。当生产关系适应生产力时，它能促进生产力的发展；而当生产关系不适应生产力时，它就会制约生产力的发展。如果企业现有机制过于僵化，就会十分不利于生产力的发展，导致职工的劳动积极性不高。因此，有必要再造企业的机制，在企业内部建立起一种全新的运行机制。

（三）企业处于一种经常变化的市场环境之中

随着社会主义市场经济模式的确立，企业成为自主经营、自负盈亏的经济实体，企业直接面向的是一个难以捉摸的市场。这种变化无常的市场环境迫使企业要建立一种灵活有效的运行机制，否则，企业的活力就难以得到激发。

二、如何再造企业的内部机制

企业内部机制，实质上是将经济活动中各种经济要素相互联系、相互作用的关系重新组合后，建立起一种新的机制，以促进生产力的提高，从而使企业适应市场，并在市场中求得生存与发展。企业有必要建立以下几种机制：

（一）利益驱动机制

第一，要能正确处理好国家、企业、个人之间的关系。所谓利益驱动机制，是指构造合理的利益结构和利益分配制度。随着社会主义市场经济模式的建立，企业已成为一个相对独立的商品生产者、经营者。企业必须享有自己应该享有的经济利益，企业的利益与职工的利益应紧紧地联系起来。企业兴旺，职工的收入才能增加，只有这样，才能使职工从自己的利益出发，主动关心企业的生存与发展。第二，在分配上一定要尽量做到公平合理。应该根据劳动者的数量与质量，以及为企业所做贡献的大小，合理地分配劳动者的劳动所得。分配上的不合理将严重挫伤职工的劳动积极性。

（二）决策机制

决策贯穿企业生产经营活动的始终。决策的正确与否直接关系到企业的生存与

发展。企业的决策以市场为轴心，使决策的内容紧紧围绕着市场。市场是企业生存的空间，决策方案应针对企业的目标市场。企业必须建立起经营决策机制，使企业里的每个人树立市场观念，使决策针对市场，并在市场上加以实施，在市场中得到检验，从而最大限度地保证决策的正确性。总之，决策机制要使企业能在外部环境的变化中或刺激下做出理性反应，使企业能及时适应外部环境的变动。

（三）营运机构

应在企业内部建立高效率的营运机制，制定各项规章制度、标准来规范企业营运行为。企业是一个经济实体，其生产目的就是实现企业价值最大化。要达到这一目的，必须有相应的机构、规章制度和工作标准。此外，还要采用现代化的管理方法，使企业投入的各个生产要素能达到最佳匹配，最终实现企业低消耗、高质量、高效益的营运目标。

（四）调控机制

对企业实行调控是非常必要的，这种调控机制主要体现为不断优化企业，优化企业的经营目标，优化企业的结构。要实现企业的优化，主要靠先进的技术和先进的管理。科学技术能渗透到生产力三要素中，促使生产成本大幅度降低。管理是一种无形的资源，它能使劳动生产率成倍提高。因此，企业要实施有效的调控，主要依靠科学技术和先进的管理方法。

企业的活力主要体现为企业职工的积极性、主动性、创造性的发挥。在生产力三要素中，劳动者是起决定性作用的，企业必须采用一定的手段与方式、方法来调动人的积极性。物质刺激手段的作用是有限的，而且可能造成"一切向钱看"的负面效应。因此，企业领导应注重对职工的感情方面的投资，经常与职工沟通，了解职工的思想、情绪等心理活动，主动帮助职工排忧解难。同时，企业领导要以身作则，处事公平、合理。这样才能激发职工的积极性，促使他们发挥自己的聪明才智，为企业的生存与发展献计献策。

（五）竞争机制

达尔文的《进化论》中有"物竞天择，优胜劣汰"的说法。竞争是市场经济的必然产物，它能实现资源优化配置，激发劳动者的干劲，从而提高劳动生产率。因此，在企业内，应引入竞争机制，使企业中人人皆有一种压力，有一种危机感。企业应制定相应的用工制度和干部选拔、晋升等制度，提倡竞争，鼓励竞争，将一些优秀的人才选拔出来，对他们委以重任，让他们的才能有充分的发挥空间，促使企业发展。

企业内部机制的再造是十分必要且刻不容缓的。部分企业已着手这方面的工作，且取得了一些成效，但如何对其加以完善，使之适应社会主义市场经济的需要，仍需我们进一步研究。

第五节　企业技术改造的实现

现今，一些老企业不同程度地存在设备陈旧、产品技术含量较低的问题。例如，湖南某电机厂是一个有几十年历史的国营老厂。然而，该企业至今还使用20世纪40年代的旧设备。由这些设备加工制造出来的产品科技含量较低，无法适应市场的需求。由此可见，有必要对企业进行技术改造，增加产品的科技含量。

一、企业进行技术改造的意义

所谓技术改造，就是在坚持技术进步的前提下，把科学技术成果应用于企业生产的各个领域，用先进的技术改造落后的技术，用先进的工艺和装备代替落后的工艺和装备，以改变企业落后的生产技术面貌，实现以内涵为主的扩大再生产。技术改造与基本建设的性质不同，它不能被单纯理解为增量投入。它的精髓在于以推动技术进步为核心，以最小的增量投入为代价，在充分利用和发挥存量资产作用的基础上获取最大的产出效益。企业进行技术改造的意义在于：

首先，现有企业的技术改造是扩大再生产的重要途径，扩大再生产的途径一是内涵扩大再生产，二是外延扩大再生产。在我国资金还较为短缺的现状下，进行以技术改造为主的内涵扩大再生产尤为重要。

其次，对现有企业的技术改造，是实现我国企业现代化，尽快改变企业技术落后面貌的迫切需要。企业普遍存在着设备陈旧、技术落后的现象，严重地制约了企业的快速发展。

再次，现有企业的技术改造，是提高企业素质、增强企业发展能力的关键一环。改革开放的总设计师邓小平曾指出："科学技术是第一生产力。"在科学技术日新月异的今天，科学技术转化为生产力的周期也日益缩短，新技术、新材料、新工艺不断涌现，新产品也不断涌现。企业之间的竞争将日益激烈，企业只有及时、迅速地运用科学新成果，努力提高技术水平，才可能在激烈的竞争中保持旺盛的生命力。

最后，对现有企业进行技术改造是提高经济效益的有力手段。

二、技术改造应遵循的基本原则

第一，贯彻以"内涵"为主的扩大再生产的方针。现今，不少企业盲目开展新项目，结果使企业的战线过长，资金周转困难，导致企业陷入更深的困境。企业应走"内涵"式发展道路，不应盲目扩大企业规模。

第二，从企业的实际出发，量力而行。企业的技术改造一定要从企业的实际出发，必须考虑国家的政治、经济、技术现状，同时要考虑企业的资源、技术水平、财力、劳动力和技术装备状况。企业的技术改造一定要从企业生产的实际需要出发。

第三，以技术进步为前提。技术改造必须坚持采用先进的技术，在技术进步的基础上进行，实现水平的提高。它要求企业积极开展科研工作，积极引进国外的先进技术，并对其进行消化、吸收，做到洋为中用。

第四，必须注意技术改造的经济效益。技术是为特定的经济目标服务的，因此，必须既要有技术上的先进性，又要有经济上的合理性。

第五，专业队伍与广大职工相结合。进行技术改造需要有专门的人才和专家，但同时也需要广大职工群众发挥聪明才智。企业要调动他们的积极性，引导人人关心企业的技术改造，并纷纷为之献计献策。

三、深挖设备潜力，促进技术改造

技术改造是企业内涵式发展生产力的重要途径。1949年以来，我国建立了比较完整的工业体系，但原有基础薄弱，与发达国家相比差距仍然较大，企业经济效益低下这一实质性问题仍然没有得到很好的解决。技术改造具有投资省、收效快、收益大的优越性，可以用较小的代价迅速改变企业的落后面貌，实现大幅度地提高企业经济效益的目的。技术改造可以优化产品结构，增强企业竞争力。对于企业内部来说，要利用技术改造所具有的投资省、时间短、收益大的优越性，对原生产系统进行技术改造，尽快提高企业的工艺水平，使企业的工艺装备尽快得到更新。这样就可以大大提高企业开发新产品、促进产品更新换代的能力，使企业的产品结构更趋于合理，同时缩短产品更新换代的周期，增强企业走向市场的能力。

（一）企业工艺、设备现状分析

我国大多数企业设备老化，工艺技术落后，产品没有竞争力。在我国企业中，有相当一部分是在第一个五年计划和第二个五年计划期间建立起来的老企业，除了个别企业的技术设备和生产技术水平比较先进外，大部分企业的设备陈旧，厂房老化，计量手段落后，不能适应进一步生产和发展的需要。调查表明，由于设备老化、工艺技术落后、产品没有竞争力等原因造成亏损的企业仍占大部分，而且这些企业大多是老企业。这些企业长期以来抱定一套设备或是某一两种产品吃一辈子的想法，几十年没有改进或转型，所以一旦设备过时，产品滞销，亏损就接踵而至。部分企业由于资金、技术不能及时到位，在短期内扭亏乏力，因此陷入生产越多亏损越大、资金越短缺、越无力进行技术改造的恶性循环之中。

我国企业主要设备生产技术水平与国际水平相比，存在10~20年的差距。据调查表明，我国大中型企业现有主要设备或引进的设备生产技术水平还很低。这种状况实在不容乐观。在国内现有条件下，大中型企业目前不能在竞争中占优势，那么将来，面临国际市场的激烈竞争，我国的企业又如何立住脚呢？

（二）技术改造的方法

技术改造的方法多种多样，根据企业的情况与特点，选择适合本企业的改造方法和途径是搞好技术改造的首要问题。下面对几种主要方法进行探讨分析：

1. "一条龙"改造方法。

这种改造方法是指对某种产品生产流程的各个环节的配套改造。采用"一条龙"改造方法时，可以对各个车间和工序同时进行改造，也可以先改造其中一部分，然后再改造其余部分，最终使整个工艺流程达到协调状态。在改造过程中，对技术难度大、技术要求高的关键设备，可以从外面引进，实行引进与自我改造相结合，设备更新与设备改造相结合，从而提高技术改造的效益和效果。"一条龙"改造方法可以使企业技术装备上一个新台阶，缩短与先进企业或国际水平之间的差距，可以从根本上提高产品的档次，开发新的品种，提高产品的竞争力；同时，还有利于提高企业现代化管理水平，挖掘企业深层次潜力，大大提高企业的经济效益。但是这种改造的投资比较大，对技术的要求高，适合企业资金与技术雄厚的大中型企业，而且在采用"一条龙"改造方法之前，一定要对该改造项目进行可行性论证，以确保技术改造项目的成功。

2. 填平补齐法

这种方法主要是指综合平衡设备生产能力的改造，也就是要解决影响设备生产能力的"瓶颈"环节。大多数企业的布局不合理，车间、工序能力不平衡是普遍存在的问题。针对这种情况，最有效的措施就是对设备进行填平补齐。这种改造有利于企业形成规模经济，也可以使企业内部结构和生产布局得到合理的调整，释放设备的生产潜力，提高劳动生产率。这种改造方法投资少、见效快，往往会收到事半功倍的效果，适合各类企业。

3. 系列产品法

这种方法主要是围绕开发系列产品，提高产品加工精度、深度的深层次改造，其核心是产品的高附加值。这种改造应着眼于综合利用、系列开发、提高档次，在具体方法上多采用引进高、精、尖的单机设备，也可以通过系列改造来完成。通过这种改造，可以把资源优势变成产品优势，将产品优势转化为企业的市场优势和效益优势。

4. 嫁接法

这种方法主要是指将最新的科技成果和先进技术移植到老设备上，在老设备上增加新功能。这种方法适用于大面积的旧机器改造，比整机更新的成本要低得多。这种改造，有利于促进老设备与现代化技术的结合，实现一机多用，提高设备的精度，保证产品质量，还可以改善劳动条件和工作环境。例如，某汽轮机厂，在机床上普遍运用同步器、光栅和磁尺数显装置，在加工过程中，操作人员无需进行尺寸计算，就可以消除标尺和刻度盘读数误差，而且读数直观、方便、迅速、准确，在不改变机床原有结构的前提下，提高加工精度，减少废品，提高劳动生产率，改善工人的工作条件，降低劳动强度。

5. 联合改造法

这种方法是企业间围绕发展优势产品，采取优势互补的横向联合改造。目前，有的企业技术力量强大，开发了不少新产品，但由于各方面因素的制约，产品优势发挥不出来；有的企业有生产能力，有生产场地，却苦于没有适销产品，要进行技术改造一时又没有方向；有的企业资金和实力雄厚，但进一步提高生产力水平却受到限制；而有的企业则有发展前途，却困于资金不足。这些企业相互取长补短，联合改造才是最佳选择。

6. 合资合作改造法

这种方法主要是利用外资改造现有企业，也就是利用我们的资源、产品等优势，吸引外商投资，以先进的设备武装企业。企业可以拿出一个或几个车间与外商合资改造，也可以将整个企业都与外商合资经营。这种方法已成为当今企业发展的一种趋势，实践也已证明，这种改造一般来说起点比较高，一旦经过改造，技术和装备就能在短期内达到国际水平。同时，这种方法也加速了企业向外向型企业发展的步伐。

四、技术改造投资决策分析

(一) 技术改造投资决策分析的要求

企业在进行投资决策时，如果只对项目的技术指标进行可行性分析，而忽视对经济指标的可行性分析，将会使一些项目在改造过程中出现资金周转问题，影响生产经营的正常进行；或者发生与其他资源不配套，项目的生产能力不能全部发挥作用的问题，不符合"多、快、好、省"的原则，影响企业的发展和经济效益的提高。因此，企业在做出投资决策时，应优选投资方案，即在对技术指标进行可行性分析的同时，也应对经济指标进行可行性分析，把两者结合起来，综合考虑，以保证投资效益的全面实现，使改造后的新技术得到充分发挥。

进行可行性分析，是在投资方案的建立和选择过程中，由浅入深、由精到细分步完成的。第一步是对投资的初步设想、建议所做的概括性分析和必要性分析；第二步是运用各项经济指标进行测算，对项目的投资概算、投资的资金来源、投资进度和项目投产后的产量、质量、降低成本、增加利润，以及企业现有基本条件的具备程度等方面进行测算；第三步是运用有关综合经济指标进行论证，如工业总产值及其增长率，全员劳动生产率及其增长率，主要成本降低额、降低率，资金利润，对项目投产前后的经济效益等进行估算与论证，在此基础上，确定正确的投资方向。

确定正确的投资方向，是提出和优选投资方案的基础，是提高投资效益和减小投资风险的重要保证。确定投资方向是决策的第一步，是整个投资决策过程的起点。如果投资方向选择错了，那么之后的一切投资都是在错误方向的指导下进行的，必然导致决策的失败。这就要求决策者应根据企业生产经营状况进行全面综合分析，预测未来的发展趋势，确定正确的投资方向。总之，企业应根据自身的特点充分利用自身的资源，扬长避短，把握有利的投资机会，确定正确的投资方向，求得企业的发展和经济效益的提高。

(二) 技术改造投资方案

为正确评价可供选择的投资方案，可采用一些特定的技术方法，进行严密的、数量上的分析对比，从中筛选经济上最佳的方案。

有三种投资决策方案可供选择：

(三) 投资方案经济效益的评价方法

在优选投资方案时，必须计算出有关效益指标，以便对投资方案的经济效益进行筛选。

第一，投资的年平均报酬率法。投资的年平均报酬率法，就是不考虑货币的时间价值，运用静态分析法，根据各个投资方案的年平均净收入与平均投资额之比的大小，来判断投资方案是否可行并判断其优劣。年平均投资报酬率越大，其投资方案越优。

第二，运用投资回收期法进行比较。投资回收期法，即通过计算投资回收期来具体说明各个方案的原投资额需要经过多长时间才能被全部收回。

第三，运用净现值法进行比较。净现值法考虑货币的时间价值，采用给定的贴现率，运用动态分析方法进行比较。所谓净现值，是指投资方案中未来的现金流入量的现值同它的原投资的现值之间的差额。净现值法是根据计算出的净现值的大小来分析投资方案的可行性及其优劣。

第四，运用净现值指数法进行比较。净现值指数法是根据投资方案未来的现金流入量的现值同它的原投资额的现值之比，说明每百万元投资未来可以获得的现金流入量的现值有多少，借以判断投资方案的可行性及其优劣。

五、技术改造后新增生产力的经济效益分析

技术改造是企业不断发展的基础，是企业技术进步的重要手段之一，也是企业提高经济效益的源泉。企业的技术改造蕴藏着极大的潜力，有待人们进一步挖掘与开发。近年来，企业技术改造与技术引进的步伐加快。一般说来，引进技术的生产线工艺先进、质量稳定、产品倍增、消耗大降。有改造项目或引进项目的企业，理应取得较高的经济效益。因此，有必要对技术改造和技术引进后新增生产能力的经济效益进行单独分析。

进行技术改造时应注意以下几个问题：

（一）必须明确技术改造的指导思想

企业技术改造必须以促进技术进步、提高技术水平、提高企业存量素质为出发点。挖掘企业现有的潜力，重点在于内涵发展。企业的技术改造要花费一定的资金而形成新的固定资产，要利用这部分增量去带动、去催化现有企业固定资产存量，使存量在新的条件下产生比原来更多的经济效益。一般来说，在技术先进的条件下，在一个企业中，并不是所有生产环节都是落后的，往往是某个局部、关键环节落后，影响了整个系统的正常运转。如果抓住这个关键环节进行改造，投入少量的资金，

就会收到事半功倍的效果。系统论中的"木桶论"能形象地说明这个问题，即一个木桶盛多少水取决于最低的那根木条。因此，改造的关键是最低的那根"木条"，而不是最高的那根"木条"。企业的技术改造也是一样的，其方法之一就是找出薄弱环节，用少量、增量催化大量、存量，产生的效益是放大效应。而那种片面追求产值的项目不能称之为放大效应，也不能称之为技术改造。要避免低水平、简单重复、盲目开展项目的现象。

（二）技术改造要密切结合市场需求

充分利用国内外已有的科研成果，以产品为龙头，围绕新产品开发进行技术改造。技术改造的最终目的不是使设备更加精良，而是通过设备的改造，生产出适合市场需求的高质量的产品，因此，技术改造不能脱离产品开发单独进行。两者必须紧密结合，新产品开发为技术改造指明了方向，提出了要求；而技术改造又促进了新产品的开发，为新产品开发创造了条件，使新产品开发项目得以推进。

（三）要建立项目全程责任制

一个项目从调研、立项、实施到竣工投产，环节很多，要保证项目如期推进，必须建立严格合理的全程责任制，做到分工明确、责任清楚、奖惩严明。

（四）广泛开展群众性的改革和合理化建议活动

注重"土洋"结合，积极采用投资省、见效快、作用大的"短、平、快"项目，以便积累资金，进行下一步的改造，以"改"养"改"，使技术装备水平呈阶梯式上升，保证技术改造项目的良性循环，从而持续、稳妥地推进企业技术进步。

（五）技术改造一定要资金到位

不仅技术改造项目资金要到位，因技术改造而引起的流动资金的增量也要有保证，否则便成了"钓鱼"项目，干一段等一段，贻误时机，将给企业造成不良后果。

参考文献

[1] 毛磊. 电力公司财务管理及问题分析 [J]. 财经界, 2015(17): 241.

[2] 刘原媛. 我国电力公司财务管理现状与财务集中式管理模式的构建 [J]. 中外企业家, 2014(27): 76-77.

[3] 鲍金桂. 电力企业财务管理存在问题及对策分析 [J]. 科技创新与应用, 2012(9): 248-248.

[4] 郭英男. 分析电力财务管理存在的问题及对策 [J]. 现代经济信息, 2014(15): 239-239.

[5] 何章姐, 陈娜, 张根文. 电力企业财务管理存在的问题及对策研究 [J]. 黑龙江科技信息, 2012(1): 157-158.

[6] 李强. 浅析电力企业集约化财务管理存在的问题及对策 [J]. 行政事业资产与财务, 2013(20): 169.

[7] 王燕飞. 简析电力企业财务管理的创新 [J]. 行政事业资产与财务, 2012(20): 140-141.

[8] 姜凝. 浅谈经济管理创新中的激励机制 [J]. 现代企业教育, 2012(12): 41-41.

[9] 杨冰峰. 浅谈电网企业财务集约化难点及对策 [J]. 会计师. 2012(3): 36-37.

[10] 屈宇明. 电力企业如何有效推进财务集约化建设 [J]. 现代商贸工业, 2015(24): 157-158.

[11] 谢淑英. 浅谈电力企业集团财务集约化管理 [J]. 财经界（学术版）, 2013(5): 196.

[12] 段欣怡. 大企业如何加强税务风险管理 [J]. 会计之友, 2012(5): 113-114.

[13] 刁金. 电力企业财务集约化工作研究 [J]. 会计之友, 2012(26): 35-40.